使生活芳醇酣畅的
最精致的方法——是读书。

绿色的书简

散文

张晓风 著

北京联合出版公司
Beijing United Publishing Co.,Ltd.

万物本身的可惊可奇是可爱的，
而我，在生活的层层磨难之余
仍能感知万物的可惊可奇，
也是可喜的。

上帝是造物者，
人类则是费心为万物一一做注释的人。
人生一世，
“说”了些什么其实并不十分重要，
此身“是”什么才比较重要。

使生活芳醇酣畅的方法
永远是聊天而不是饮酒。
生活里最快乐的事是聊天，
而读书，是最精致的聊天。

能跟山对话，能跟水唱和，
能跟万紫千红窃窃私语的人是幸福的。
“云在青天水在瓶”，
好的不只是云，
而是在青天之上的云；
纯美的不只是水，而是在净瓶中的水。

一日的时光
其实是一段完美具足的生命，
每一刹那都自有其美丽。

桥因超载月光而成为危桥，
但我深深爱上那份危险。
大概凡是美的事物，
都有其闪烁迷离的性格。

生命是一桩太好的东西，
好到你无论选择什么方式度过，
都像是一种浪费。

风，有意无意地吹着。
忽然，我感到
某种极轻柔的东西吹落在我的颈项上，
原来是一朵花儿。
美是如此脆弱，又如此顽强。

目录

contents

绿色的书简

壹 青春有味

002 只因为年轻啊

015 开卷和掩卷

024 精致的聊天

026 第一幅画

029 粉红色的挑发针

032 我交给你们一个孩子

034 小蜥蜴如何藏身在草丛里的奇观

036 寻人启事

039 冠 礼

041 人体中的繁星和穹苍

贰 古韵时音

048 唐代最幼小的女诗人

052 一只公鸡和一张席子

054 四个身处婚姻危机的女人

057 卓文君和她的一文铜钱

061 不朽的失眠

065 “好的白话”的母亲

070 昨夜？枝开

074 龙，在药店里

078 杜鹃之笺注

084 题库中的陆游

叁　生命有光

088　晴日手记

092　“你为什么拿这一颗？”

095　闻　歌

098　回头觉

100　回首风烟

105　没有痕迹的痕迹

108　甘　醴

111　我的幽光实验

122　待　理

125　回到家里

132　我会念咒

136　食　堂

肆　人间值得

140　近　水

144　我是拥有一枚柿子的柿长

147　秋天 · 秋天

153　山的春、秋记事

165　我有一根祈雨棍

168　仗美执言

172　母亲 · 姓氏 · 里贯 · 作家

175　一半儿春愁，一半儿水

181　魔　季

⑤ 万物有情

190 衣衣不舍

196 “它怕什么？”

199 东邻的竹和西邻的壁

202 买橘子的两种方法

205 除了卡雷拉斯，你也得听听喷嚏

208 炎　凉

211 饮啄篇

壹·青春有味

当我把我的孩子交出来，
当他向这世界求知若渴，
世界啊，你给他的会是什么呢？

只因为年轻啊

一　爱·恨

小说课上，正讲着小说，我停下来发问：

“爱的反面是什么？”

“恨！”

大约因为对答案很有把握，他们回答得很快而且大声，神情明亮愉悦，此刻如果教室外面走过一个不懂中国话的老外，随他猜一百次也猜不出他们唱歌般快乐的声音竟在说一个“恨”字。

我环顾教室，心里浩叹，只因为年轻啊，只因为年轻啊，我放下书，说：

“这样说吧，譬如说你现在正谈恋爱，然后呢？就分手了，过了五十年，你七十岁了，有一天，黄昏散步，冤家路窄，你们又碰到一起了，这时候，对方定定地看着你说：

“‘×××，我恨你！’

“如果情节是这样的，那么，你应该庆幸，居然被别人痛恨了半个世纪，恨也是一种很容易疲倦的情感，要有人恨你五十年也不简单，怕就怕在当时你走过去说：

“‘×××，还认得我吗？’

“对方愣愣地呆望着你说：

“‘啊，有点面熟，你贵姓？’”

全班学生都笑起来，大概想象中那场面太滑稽、太尴尬吧！

“所以说，爱的反面不是恨，是漠然。”

笑罢的学生能听得进结论吗？——只因为太年轻啊，爱和恨是那么容易说得清楚的一个字吗？

二　受创

来采访的学生在客厅沙发上坐成一排，其中一个发问道：

“读你的作品，发现你的情感很细致，并且总是在关怀，但是关怀就容易受伤，对不对？那怎么办呢？”

我看了她一眼，多年轻的额、多年轻的颊啊，有些问题，如果要问，就该去问岁月，问我，我能回答什么呢？但她的明眸定定地望着我，我忽然笑了起来，以几乎有点促狭的口气说：

“受伤，这种事是有的——但是你要保持一个完完整整不受伤的自己做什么用呢？你非要把你自己保卫得好好的不可吗？”

她惊讶地望着我，一时也答不上话。

人生世上，一颗心从擦伤、灼伤、冻伤、撞伤、压伤、扭伤，乃至到内伤，哪能一点伤害都不受呢？如果关怀和爱就必须包括受伤，那么就不要完整，只要撕裂，基督不同于世人的，岂不正在那双钉痕宛在的受伤手掌吗？

小女孩啊，只因年轻，只因一身光灿晶润的肌肤太完整，你就舍不得碰撞就害怕受创吗？

三　经济学的旁听生

“什么是经济学呢？”他站在台上，金丝边眼镜，灰西装，声音平静，典型的中年学者。

台下坐的是大学一年级的学生，而我，是置身在这二百人大教室里偷偷旁听的一个。

从一开学我就昂奋起来，因为在课表上看见要开一门“社会科学概论”的课程，包括四位教授来设“政治”“法律”“经济”“人类学”四个讲座。想起可以重新做学生，去听一门门对我而言崭新的知识，那份喜悦真是掩不住藏不严，一个人坐在研究室里都忍不住要轻轻笑起来。

“经济学就是把‘有限资源’做‘最适当的安排’，以得到‘最

好的效果’。”

台下的学生沙沙地记着笔记。

“经济学为什么发生呢？因为资源‘稀少’，不单物质‘稀少’，时间也‘稀少’——而‘稀少’又是为什么？因为，相对于‘欲望’，一切就显得‘稀少’了……”

原来是想在四门课里跳过经济学不听的，因为觉得讨论物质的东西大概无甚可观，没想到一走进教室来竟听到这一番解释。

“你以为什么是经济学呢？一个学生要考试，时间不够了，书该怎么念，这就叫经济学啊！”

我愣在那里反复想着他那句“为什么有经济学——因为稀少——为什么稀少，因为欲望”而麻颤惊动，如同山间顽崖愚壁偶闻大师说法，不免震动到石骨土髓咯咯作响的程度。原来整场生命也可做经济学来看，生命也是如此短小稀少啊！而人的不幸却在于那颗永远渴切不止的有所索求、有所跃动、有所未足的心，为什么是这样的呢？为什么竟是这样的呢？我痴坐着，任泪下如麻不敢去动它，不敢让身旁年轻的助教看到，不敢让大一年轻的孩子看到。奇怪，为什么他们都不流泪呢？只因为年轻吗？只因年轻就看不出生命如果像戏，也只能像一场短短的独幕剧吗？“朝如青丝暮成雪”，乍起乍落的一朝一暮间又何尝真有少年与壮年之分？“急罚盏，夜阑灯灭”，匆匆如赴一场喧哗夜宴的人生，又岂有早到晚到早走晚走的分别？然而他们不悲伤，他们在低头记笔记。听经济学听到哭起来，这话如果是别人讲给我听的，我大概会大笑，笑人家的滥情，可是……

“所以，”经济学教授又说话了，“有位文学家卡莱尔这样形容：经济学是门‘忧郁的科学’……”

我疑惑起来，这教授到底是因有心而前来说法的长者，还是以无心来度脱的异人？至于满堂的学生正襟危坐是因岁月尚早，早如揭衣初涉水的浅溪，所以才凝然无动吗？为什么五月山栀子的香馥里，独独旁听经济学的我为这被一语道破的短促而多欲的一生而又惊又痛泪如雨下呢？

四　如果作者是花

年年岁岁花相似，岁岁年年人不同。

诗选的课上，我把句子写在黑板上，问学生：

“这句子写得好不好？”

“好！”

他们的声音听起来像真心的，大概在强说愁的年龄，很容易被这样工整、俏皮而又怅惘的句子所感动吧！

“这是诗句，写得比较文雅，其实有一首新疆民谣，意思也跟它差不多，却比较通俗，你们知道那歌词是怎么说的？”

他们反应灵敏，立刻争先恐后地叫出来：

太阳下山明早依旧爬上来，
花儿谢了明年还是一样地开。
美丽小鸟一去无影踪，
我的青春小鸟一样不回来，
我的青春小鸟一样不回来。

那性格活泼的干脆就唱起来了。

“这两种句子从感性上来说，都是好句子，但从逻辑上来看，却有不合理的地方——当然，文学表现不一定要合逻辑，但是我还是希望你们看得出问题在哪里。”

他们面面相觑，又认真地反复念诵句子，却没有一个人答得上来。我等着他们，等满堂红润而聪明的脸，却终于放弃了，只因太年轻啊，有些悲凉是不容易觉察的。

“你知道为什么说‘花相似’吗？是因为陌生。因为我们不懂花，正好像一百年前，我们在中国很少看到外国人，所以在我们看起来，他们全是一个样子，而现在呢，我们看多了，才知道洋人和洋人大有差别，就算都是美国人，有的人也有本领一眼看出住纽约、旧金山和南方小城之人的不同。我们看去年的花和今年的花一样，是因为我们不是花，不曾去认识花、体察花。如果我们不是人，而是花，我们会说：

“‘看哪，校园里每一年都有全新的新鲜人的面孔，可是我们花却一年老似一年了。’

“同样地，新疆歌谣里的小鸟虽一去不回，太阳和花其实也是一去不回的，太阳有知，太阳也要说：

“‘我们今天早晨升起来的时候，已经比昨天疲软苍老了，奇怪，人类却一代一代永远有年轻的面孔……’

“我们是人，所以感觉到人事的沧桑变化。其实，人世间何物没有生老病死，只因我们是人，说起话来就只能看到人的痛。你们猜，那句诗的作者如果是花，花会怎么写呢？”

“年年岁岁人相似，岁岁年年花不同。”他们齐声回答。

他们其实并不笨，不，他们甚至可以说很聪明，可是，刚才他们为什么全不懂呢？只因为年轻，只因为对宇宙间生命共有的枯荣代谢的悲伤有所不知啊！

五　高倍数显微镜

他是一位生物系的老教授，外国人，我认识他的时候他已经退休了。

“小时候，父亲是医生，他看病，我就站在他旁边，他说：‘孩子，你过来，这是哪一块骨头？’我就立刻说出名字来……”

我喜欢听老年人说自己幼小时候的事，人到老年还不能忘的记忆，大约有点像太湖底下捞起的石头，是洗净尘泥后的硬瘦剔透，上面附着一生岁月所冲积洗刷出的浪痕。

这人大概注定要当生物学家的。

“少年时候，喜欢看显微镜，因为那里面有一片神奇隐秘的世界，但是看到最细微的地方就看不清楚了，心里不免想，赶快做出高倍数的新式显微镜吧，让我看得更清楚，让我对细枝末节了解得更透彻，这样，我就会对生命的原质明白得更多，我的疑难就会消失……”

“后来呢？”

“后来，果然显微镜愈做愈好，我们能看清楚的东西愈来愈多，可是……”

“可是什么？”

“可是我并没有成为我自己所预期的‘更明白生命真相的人’，糟糕的是比以前更不明白了，以前的显微镜倍数不够，有些东西根本没发现，所以不知道那里隐藏了另一段秘密，现在，我看得愈细，知道得愈多，愈不明白了，原来在奥秘的后面还连着另一串奥秘……”

我看着他清癯渐消的颊和清灼明亮的眼睛，知道他是终于“认了”，半世纪以前，那意气风发的少年以为只要一架高倍数的显微镜，生命的秘密便迎刃而解，什么使他敢生出那番狂想呢？只因为年轻吧！只因为年轻吧！而退休后，在校园的行道树下看花开花谢的他终于低眉而笑，以近乎耍赖的口气说：

“没有办法啊，高倍数的显微镜也没有办法啊，在你想尽办法以为可以看到更多东西的时候，生命总还留下一段奥秘，是你想不通猜不透的……”

六　浪掷

开学的时候，我要他们把自己形容一下，因为我是他们的导师，想多知道他们一点。

大一的孩子，新从成功岭下来，从某一点上看来，也只像高四罢了，他们倒是很合作，一个一个把自己尽其所能地描述了一番。

等他们说完了，我忽然觉得惊讶不可置信，他们中间照我来看分成两类，有一类说“我从前爱玩，不太用功，从现在起，我想要好好读点书”，另一类说“我从前就只知道读书，从现在起，我要好好参加些社团，或者去郊游”。

奇怪的是，两者都有轻微的追悔和遗憾。

我于是想起一段三十多年前的旧事，那时流行一首电影插曲（大约是叫《渔光曲》吧），阿姨舅舅都热心播唱，我虽小，听到“月儿弯弯照九州岛”觉得是可以同意的，却对其中的另一句大为疑惑。

“舅舅，为什么要唱‘小妹妹青春水里流（或“丢”？不记得了）’呢？”

“因为她是渔家女嘛，渔家女打鱼不能去上学，当然就浪费青春啦！”

我当时只知道自己心里立刻不服气起来，但因年纪太小，不会说理由，不知怎么吵，只好不说话，但心中那股不服倒也可怕，可以埋藏三十多年。

等读中学听到“春色恼人”，又不死心去问，春天这么好，为什么反而好到令人生恼？别人也答不上来，那讨厌的甚至眨眨狎邪的眼，暗示春天给人的恼和“性”有关。但事情一定不是这样的，一定另有一个道理，那道理我隐约知道，却说不出来。

更大以后，读《浮士德》，那些埋藏许久的问句都聚拢过来，我隐隐知道那里有一番解释了。

年老的浮士德，坐对满屋子自己做了一生的学问，在典籍册页的阴影中，他乍一瞥见窗外的四月，歌声传来，是庆祝复活节的喧哗队伍。那一霎，他懊悔了，他觉得自己的一生都抛掷了，他以为只要再让他年轻一次，一切都会改观。中国元杂剧里老旦上场照例都要说一句“花有重开日，人无再少年”（说得淡然而确定，也不知看剧的人惊不惊动），而浮士德以灵魂押注，换来第二度的少年以及“因少年才可能拥有的种种可能”。可怜的浮士德，学究天人，却不知道生命是一桩太好的东西，好到你无论选择什么方式度过，都像是一种浪费。

生命有如一颗神话世界里的珍珠，出于沙砾，归于沙砾，晶光莹润的只是中间这一段短短的幻象啊！然而，使我们颠之倒之甘之苦之的不正是这短短的一段吗？珍珠和生命还有另一个类同之处，那就是你倾家荡产去买一颗珍珠是可以的，反过来你要拿珍珠换衣换食却是荒谬的，就连镶成珠坠挂在美人胸前也是无奈的，无非使两者合作一场“慢动作的人老珠黄”罢了。珍珠只是它圆灿含彩的自己，你只能束手无策地看着它，你只能欢喜或喟然——因为你及时赶上了它出于沙砾且必然还原为沙砾之间的这一段灿然。

而浮士德不知道——或者执意不知道，他要的是另一次“可能”，像一个不知是由于技术不好或是运气不好的赌徒，总以为只要再让他玩一盘，他准能翻本。三十多年前想跟舅舅辩的一句话我现在终于懂得该怎么说了：打鱼的女子如果算是浪掷青春的话，挑柴的女子岂不也是吗？读书的名义虽好听，而令人眼目为之昏眊，脊骨为之佝偻，还不该算是青春的虚掷吗？此外，一场刻骨的爱情就不算过眼烟云吗？一番功名利禄就不算滚滚尘埃吗？不是啊，青春太好，好到你无论怎么过都觉浪掷，回头一看，都要生悔。

“春色恼人”那句话现在也懂了，世上的事最不怕的应该就是“兵来有将可挡，水来以土能掩”，只要有对策就不怕对方出招。怕就怕在一个人正小小心心地和现实生活斗阵，打成平手之际，忽然阵外冒出一个叫宇宙大化的对手，他斜刺里杀出一记叫“春天”的绝招，身为人类的我们真是措手不及。对着排山倒海而来的桃红柳绿，对着蚀骨的花香、夺魂的阳光，生命的豪奢绝艳怎能不令我们张皇无措。当此之际，真是不做什么要懊悔，做了什么也要懊悔。春色之叫人气恼跺脚，就是气我们无招以对啊！

回头来想我导师班上的学生，聪明颖悟，却不免一半为自己的用功后悔，一半为自己的爱玩后悔——只因为年轻啊，只因太年轻啊！以为只要换一个方式，一切就扭转过来而无憾了。孩子们，不是啊，真的不是这样的！生命太完美，青春太完美，甚至连一场匆匆的春天都太完美，完美到像喜庆节日里一个孩子手上的气球，飞了会哭，破了会哭，就连一日日空瘪下去也是要令人哀哭的啊！

所以，年轻的孩子，连这么简单的道理你难道也看不出来吗？生命是一个大债主，我们怎么混都是他的积欠户。既然如此，干脆宽下心来，来个“债多不愁”吧！既然青春是一场“无论做什么都觉是浪掷”的憾事，那么，何不反过来想想，也几乎等于“无论诚恳地做了什么都不必言悔”，因为你或读书，或玩，或作战，或打鱼，恰恰好就是另一个人叹气说他遗憾没做成的。

然而，是这样的吗？不是这样的吗？在生命的面前我可以大发职业病做一个把别人都看作孩子的教师吗？抑或我仍然只是一个太年轻的蒙童，一个不信不服欲有所辩而又语焉不详的蒙童呢？

开卷和掩卷

X 君，十八岁，神差鬼使，不知怎么选择了读中文系。X 君也许是男孩，也许是女孩，也许是有志文学，也许只是分数不够高，读不成别的，只好到中文系来凑合。总之，他来了。

他既决定来中文系，对文学总有几分情意。而这几分情意不敢说一定能惊天动地，但总也不算虚情假意。他希望自己和文学之间的关系能渐入佳境。

然后，开学了。伟大堂皇的学分纷纷上场，他忽然发现自己像结婚礼堂里的新郎：他可以拜天地，拜高堂，他可以用印，可以敬酒，可以吃菜，甚至可以表演亲吻新娘。但他就是不能和新娘一起走开，一起走到花前月下的无人之处，倾心相谈。

X 君的大一课程除去体育、英文、历史、宪法不算，剩下来的可能是中文、文字学、文学概论、理则学、文学史。等到二年级，他可能读历代文选、文学史、诗经、诗选、小说选、声韵学或训诂学……如果 X 君够警觉，他会发现一路下来所有的学分，所有的教法，都在塞给他一个东西，这个东西的名字叫：“文学学”。

对，是文学学，而不是文学。

什么叫文学学呢？文学学是指文学的周边学问，例如修辞学，例如理则学，例如声韵训诂。

文学学也不算没有意义，像大城市之必须有卫星城镇，像大工业必有卫星工厂，文学也不妨有些基础工程，只是基础工程之后应该继之以亭台楼阁才对。平地架楼，因无根无基而脆弱无依，固所不宜，相反地，只挖一堆地基放在那里，而无以为继也未免可笑。

我们姑且假定 X 君一向很重视自己的学业成绩，（对在台湾地区长大的学生而言，这个假定不算过分乱猜吧！）。因此他很努力地想考好他的每一门学科。譬如说，诗选这门课吧，考试之前，X 君努力要记清楚的数据很可能是：

一、仄起式的平仄是如何安排的？

二、初唐最重要的诗人是谁？

三、杜甫“香稻啄残鹦鹉粒”是什么意思？

四、“劝君更进一杯酒”和“与尔同销万古愁”之间算不算对句，是否动词对动词、名词对名词、虚字对虚字？

X 君在班上的成绩不错，运气好的话，他还可能拿到某种奖学金。X 君毕业在即，正准备考硕士班研究所，大家都称赞他是中文系高材生——不过，有一个小小的秘密，那就是，X 君迄今都还没有碰到文学。

X 君和其他好学生一样，从小深信一句话：

“开卷有益。”

他平生受这句话之惠不少。譬如说，等车的时候，排队等吃饭的时候，他都一卷在握，丝毫不敢浪费时间。他一点点学业上的成就都是靠这句话博取来的。

可惜，X 君不知道另外一句更重要的话：

“掩卷有功。”

掩卷有功四个字是我发明的，古人并未明言，虽然古人很善于掩卷。

李白诗中有言：

“片言苟会心，掩卷忽而笑。”（《翰林读书言怀呈集贤诸学士》）

苏辙的诗中也有一句：

“书中多感遇，掩卷辄长吁。”

“掩卷”就是把书合起来的意思。除了“掩卷”，古人也用其他的字眼来表示类似的动作，例如：

“阖卷”“抛卷”“合书”“掷书”。

除了关上书卷，其他类似的动作如：

“掷笔。”

其作用也类似。

开卷而读，是为了吸取数据，但吸取数据只不过把人变成“会走路的计算机光盘片”而已，并不能使我们摧心动容，使我们整个人变得文学化。

“掩卷长太息”才是“教书机”和“读书机”办不到的事情。X君如果“读书破万卷”，也未必有益，只待X君一旦“阖卷泪沾襟”，则他的文学教育就不算空白了。

建国中学长久以来流传着一则故事，有位同学，打开历史考卷一看，有道题目要求详述鸦片战争对近代中国的影响，他匆匆写了两行，忍不住，便掷下考卷，急奔到校园中去痛哭。那一天，他的历史考卷当然是不及格的，但当天其他考卷和成绩漂亮的同学能和他比历史感吗？相较之下，能一字字冷静道出《马关条约》的同学反而显得残忍无情吧？

“伏卷”而书的乖乖牌学子何止千人，但“推卷”而起抚膺号啕的却只有那一位啊！

英国十八世纪的历史学家吉本，写了卷帙浩繁的《罗马帝国衰亡史》。从动念到完成，历时一十四载。所描述的时代则长达一千三百年，其规模气魄略近司马迁写《史记》。吉本写此书言简意赅，纲举目张，为世所颂。但我真正心折的还是他一七六四年秋天站在卡比托尔的古罗马废墟中，对着断壁颓垣喟然而叹的那种千古历史兴亡感。

书写历史不是靠一个字母一个字母的死功，而是靠望着“大江东去”，油然兴起“浪淘尽，千古风流人物”的那声叹息！

身为中文系的老师，我深知同学诸生能做个“开卷人”的已经不多了——“不开卷的人”就更别提了，他们根本没资格来“掩卷”。可惜的是那些只知开卷而不知掩卷的学生。古人认为读《出师表》《陈情表》应该“有感觉”，否则不忠不孝。今天学生读此二文恐怕大多数的人只在意考试会考哪一题。其实，应该“有感觉”的篇章又何止《出师表》《陈情表》，读陈子昂《登幽州台歌》即使不怆然涕下，也该黯然久之吧！读张岱湖心亭饮茶一章，能不悠然意远吗？

不幸的是，属于文学的、感觉的境界往往难以传递，于是我们只好教授“平平仄仄仄平平”。后者客观、确实、有效率，也容易让学生佩服。当今之世，讲杜甫《兵车行》讲到哽咽泪下难以为继的老师恐怕多少会让学生看扁吧！

但我要强调的是，那些开卷读书却不曾掩卷叹息的人其实还不曾跨入文学的门槛。那些接触过客观数据，主观方面却不曾五内惊动的，仍然只算文学的门外汉。

下面我且举几例，来说明只要细心体会，其实感动无处不在。

譬如说，词牌。一般而言，词牌因为是音乐方面的调名，和文字内容未见得有密切关系。读的时候很容易就掠空而过低调处理，不去管它了。但词牌名仍有那极美的，耐人反复玩味。真的是“阖卷”之余茫然四顾，惋叹流连不能自已。

有两首词牌名（现在很少听到），一名《惜花春起早》，一名《爱月夜眠迟》。每当花朝月夕，想起这两个词牌名，只觉其困境亦恰似人生：春朝花绽，怎能不勉力相从？月夜光盈，又怎忍遽舍清辉？然而活着原是一件艰辛的事，谁都能像王维诗中的神勇少年“一身能擘两雕弧”？而美，是如此浩渺不尽，我怎能既追踪“惜花春起早”又抓紧“爱月夜眠迟”？

只是词牌的名字，已足够令人掩卷失神。

另外生动逼人的词牌名还有，如：

《骤雨打新荷》，唉，如果是“雨打荷”也就罢了，“骤雨”打“新荷”却令人如闻土膏生腥的气息，如触及五月的清甜微润的池面薄烟。方其时也，新荷如青钱小小，比浮萍大不了多少，比雨滴大不了多少。小小的新荷，圈点着水面，圈点着初夏。而初夏这篇文章写得太好，造化神明不知不觉便多圈了几个圈。

此外，《一痕沙》《一萼红》《隔渚莲》也都令人神往心悸，不胜低回。而苏东坡的《无愁可解》则是一派顽皮，意欲挑战《解愁》。人生弄到要靠酒来解愁，则何如根本把自己活成“无愁可解”的境界。既然根本不愁，也就不必麻烦去想法子再来解什么愁。

不过是几个词牌，不过是三五个字的组句，却令人沉吟、迟疑，不能自拔于无边之美感。

除了词牌，斋名也颇有趣。古人动不动便有个堂皇的斋名，但现实生活中则未必真有什么楼什么轩什么庵什么室什么斋。所谓的斋，往往只在主人的方寸之间鸠工营造。

初中时就听到梁任公《饮冰室文集》，当时只以为饮冰室就是我们吃刨冰的冰果店，代表的是清凉的意思。及至读了《庄子》，才知道全然不是那么回事，原文是：“今吾朝受命而夕饮冰，我其内热欤？”注疏中说“晨朝受诏，暮夕饮冰，足明怖惧忧愁，内心熏灼”，原来饮冰是指内心焦灼不安。那么，梁任公原来在恣纵无碍的才华之外亦自有其生当乱世的忧怖，如此一想，也真要掩卷肃容一番。

至于曾国藩，他把自己的住处命名为“求阙斋”。世人无不爱求全，曾氏独求“缺”。以他当时位极人臣的显达背景，他当然比别人更了解居安思危的真谛。求缺，是全福全贵到极致之后的谦逊。对此简单明了的三个字，曾文正公一生风骨气度都毕现眼前，我因这三字而掩卷轻叹，终生俯首。

近人有“无求备斋”“知不足斋”，并皆引人深思。周弃子先生取名“未埋庵”，令人思之不胜感伤。一切活着的人不都迟早要大去吗？把此刻的自己看作葬礼未举行前的自己，多少可以减少一些名利心、争逐意，虽然命意嫌衰飒了些。

以上举例重在可叹可感的美感，至于有情有趣可堪一笑的例子也是有的，此处且举苏轼《攓云篇》的诗序为代表：

“云气自山中来，以手掇开，笼收其中，归家云盈笼，开而放之，作攓云篇。”

如果读《出师表》不哭为不忠，读《攓云篇》不掩卷大笑也真可谓“不通气”了！东坡老儿实在无赖得可爱，把山云捉来放在竹笼中，倒好像那些烟岚云雾全是小白驯鸽似的，手到擒来，等笼子一张开，全部白云亦如小鸟振翅而出，急扑扑的穿梭得满屋子都是。

世间宁有此事！但苏轼的谎撒得太可爱了，这一出他自导自演的“捉放云”几乎有些卡通趣味，你除了抚掌大笑之外，还能有什么办法！

刚才所说的那位 X 君，如果在大四毕业之前只会开卷勤读，而不会掩卷悲喜，他这一生就算做到中文系教授，也仍然是个“文学绝缘体”。

但愿读文学的 X 君不单读了些“文学学”，也早日碰触到“文学”。但愿 X 君和其他所有接触过文学的 Y 君，都既能因开卷而受益，亦能拥有掩卷一叹的灵犀。但愿他们不仅是“有脚光盘片”，是有感应的“文学人”。

精致的聊天

此日足可惜，
此酒不足尝。
舍酒去相语，
共分一日光。
——韩愈

很喜欢韩愈的这首诗。如果翻成语体，应该是：

可珍惜的是今天这“日子”啊！
那淡薄的酒又有什么好喝的？
放下酒杯且来聊聊吧，
让我们一起分享这一日时光。

所以喜欢这首诗是因为自己也喜欢和朋友聊天，使生活芳醇酣畅的方法永远是聊天而不是饮酒，如果不能当面聊，至少可以在电话里聊，如果相隔太远长途电话太贵，则写信来聊。如果觉得文字不足，则善书者可书，善画者不妨画，善歌者则以之留贮在录音带里——总之，不管说话给人听或听别人说话，都是一桩万分快乐的事。

西语里又有“绿拇指”一词，指的是善于栽花莳草的人，其实也该有“绿耳人”与“绿舌人”吧！有的人竟是善于和植物互通消息互诉衷曲的呢！春天来的时候，听听樱花的主张、羊蹄甲的意见或者杜鹃的隽语吧！也说些话去撩撩酢浆草或小石斛兰吧！至于和苍苔拙石说话则要有点技巧才行，必须语语平淡，而另藏机锋。总之，能跟山对话，能跟水唱和，能跟万紫千红窃窃私语的人是幸福的。

其实最精致最恣纵的聊天应该是读书了，或清茶一盏邀来庄子，或花间置酒单挑李白。如果嫌古人渺远，则不妨与稍近代的辛稼轩曹雪芹同其歌哭，如果你向往更相近的跫音，便不妨拉住梁启超或胡适之来聒絮一番。如果你握一本《生活的艺术》，林语堂便是你谈笑风生的韵友，而执一卷《白玉苦瓜》，足以使余光中不能不向你披肝沥胆。尤其伟大的是，你可以指定梁实秋教授做传译而和莎翁聊天。

生活里最快乐的事是聊天，而读书，是最精致的聊天。

第一幅画

中学的年纪，我住在南部一个阳光过盛的小城。整个城充满流动的色彩。春天，稻田一直澎澎湃湃涨到马路边，那浓绿，绿得滞人。稻子一旦熟了就更过分，晒稻子可以纷纷晒上柏油路来，骑车经过，仿佛碾过黄金大道。轮到晒辣椒的日子，大路又成了名副其实的“红场”。至于凤凰树，那就更别提了，年年要演一回“暴君焚城录”，烈焰腾腾，延烧十里，和这个城里艳红的凤凰花相比，其他城市的凤凰只能算是病恹恹的野鸡。

太绚丽了，少年时的我对色彩竟有点麻木起来。

那城而且充满气味，一块块的甘蔗田是多么甜蜜的城堡啊！大桥下的砂地仿佛专为长西瓜而存在的。结实累累的芒果树则在每个人家的前庭后院里负责试探好的和坏的孩子。野姜花何必付钱去买呢？那种粗生贱长的玩意，随便哪个沟圳旁边不长它一大排？

然而，我却是一个有几分忧郁的小孩。两张双层床，我们四个姐妹挤在五坪大小的屋子里。在拥挤的九口之家里，你还能要求什么？院子倒是大的，大约近百坪，高大的橄榄树落下细白的花，像碎雪。橄榄熟时，同学都可以讨点“酸头”去尝，但我恨那酸，觉得连牙齿都可以酸成粉齑。

渐渐地，我找到一点生活下去的门道，首先我为自己的上铺空间取了个名字，叫“桃源居”，这事当然不可以给几个妹妹知道，否则，她们会大惊小怪，捧着肚子笑得东倒西歪，但只要不说，也就万事太平，于是我就很阴险地擅自裂土独立了。反正，这是我的辖区，我要叫它桃源居，别人又奈得我何？

然后，不知道从哪里，好像是银行，我弄到一份月历，月历上有张莫奈的画，我当然也不知这莫奈是何许人也，把 Monet 用英文念了几次（法文当然是不懂的），觉得怪好听的，何况那画面灰蓝灰蓝的，有光，光却幽柔浮动，跟我住的那个城里晒得人会冒油的太阳截然不同。

欧洲，那是个怎么样的地方呢？在那年代，异地也几乎等于月球那么遥不可及。

我去配了一个镜框，把画挂在我那疆域只及一块榻榻米的“桃源居”里，心里充满慎重敬谨的感觉，仿佛一下之间，我就和这个文明世界挂钩起来了。有一幅名画挂在我的墙上了，我觉得我的上铺跟妹妹她们的铺位显然不同了，她们的床只是床——而我的，是悬有名画的“艺苑”。

这是我拥有的第一张画，其后在很长一段时间里，它也是我唯一的一张画。莫奈，也成了我那阶段最急于打探的一个名字。

后来，果真看到他的资料，原来是“印象派画家”，“印象派画家”是什么？对三十年前南方小城的中学生来说好像太艰涩了，但我已经很满意了，原来我一眼看中的日历画，果真是件好东西呢！

那样灰蓝灼白的画面，现在想来，好像忽然有点懂了。其中灰蓝部分透露出的是无比的沉静安详，好像只有欧洲才能那么安静。但由于灰蓝之外，有那么一点仿佛立刻要抓到而又立刻要逃跑的光，所以画面便有那么些闪闪忽忽像夏夜萤火虫般的光质。东方的绘画美在线条，但对那无可奈何的光，便只好用大片金色去弥补，可惜金色富丽斑斓，像温庭筠的词里所写的“画屏金鹧鸪”。日本人也爱用金色敷抹屏风，但太绚丽的东西，最后总不免落入装饰趣味。一旦沦为装饰，就难免有“小气”的嫌疑。

莫奈的光却是天光，十分日常，却又是长长一生中点点滴滴的大惊动，令人想起《创世记》上简明如宣告的句子：

“神说，要有光，就有了光。”

是的，就有了光，当年那个小女孩，只拥有四分之一寝室的灰姑娘，竟因一幅复制的画，忽焉拥有了百年前黎明或正午的渊穆光华，拥有远方的莲池和池中的芬芳，她因挂了一幅画而发展出一片属于美的“势力范围”，她的世界从此变成一个无阻无碍的世界。

啊！我想今年春天我要去看看莫奈，我要去博物馆里谢他一声。三十多年过去了，我仍然记得当年把钉子钉入墙壁，为自己挂上第一幅画的感觉。

粉红色的挑发针

年轻的女孩向我形容一件不堪的事，她说：

“你想想看，简直不能忍受，我看过一个妈妈，她为自己的小女儿梳头，居然用原子笔来挑分中线，划得那道头皮一线深蓝，长大以后也不知洗不洗得掉呢！”

“哎，这种懒婆娘！”我咬咬牙，“她就算再懒，至少也该找根用干了的没有水的原子笔来做这件事吧！这样，弄得像‘头皮刺青’，怪可怕的！”

当年，蔡孑民先生曾打算用“美学教育”来代替宗教。“美学”至今在哪里？我不知道。我只知道，我们上自台湾当局领导人下至市长、校长，乃至那位粗心大意的母亲，全在联手进行“丑学”教育。而一切丑，都奠基于潦草大意，漫不经心。所以，你会看到台湾当局领导人办公场所，居然会在红砖外层涂漆，你会看到陈市长解决旧市府的妙策竟是把它一划为二，分交两个不相干的团体。（早年的某市长更厉害，古迹城墙，先拆再说，打死猪崽问价钱，你能把我怎么样？）至于各大中小学校校园，你可以看到贴满马赛克的杂乱建筑，这种校园建筑如果不漏不渗已经就够幸运了，谁还管什么和传统旧建筑之间的搭配。

美，是有系统的，慎重谨敬的，有脉络有缘故的，丑却草率邋遢，自暴自弃。虽然有时美伪装得像后者，其实不然，美的大自在来自“从心所欲不逾矩”的素养，而非邋遢。

听年轻女孩说“蓝头皮事件”，我忽然心念一动，说：

“啊，我给你看件东西。你看你能认得出来是个什么吗？”

女孩把东西接过手去，左瞧右瞧，答不上话来。那东西形状像毛线针，却短些，大约不足二十公分，一头稍粗，一头偏细，颜色介乎橙红与粉红之间，因为染得不均匀，看来反而完全像珊瑚，其实却是牛骨。

说来也是凑巧，那天我刚好从南部探望父母回来，回来时，跟母亲讨得这东西。它是我幼小时惯见的、母亲分头发用的挑发针。记得她梳好头，打正中间一挑，一根笔直的发线就出现了。盛年时期的母亲，总是有一头乌发需要挑分两边。那时代的美人流行发梳左右，额头正中间则有一点美丽的桃花尖——啊，那个婉约多姿的时代。

想起来了，好像连我梳辫子也是用这根针分线的。但因为我自己看不见自己当时被挑头发的神情，所以记忆里全是母亲的表情。每次，她梳好头，总非常慎重地向红木框的镜子更靠近一点。她的上身前倾，她的目光庄凝，珊瑚发针对准黑发中划过，划出一道“发之丝路”！啊，我为什么对这些小节记得那么清楚？我想是那个敬慎悠远的眼神令我凛然。

年轻女孩对挑发针十分惊讶，如见一件古董。然而，只有我知道，在“珊瑚色的牛骨发针”和“草率的原子笔”之间，我们的时代究竟亏累了多少美丽审慎的心情。

我交给你们一个孩子

小男孩走出大门，返身向四楼阳台上的我招手，说：

“再见！”

那是好多年前的事了，那个早晨是他开始上小学的第二天。

我其实仍然可以像昨天一样，再陪他一次，但我却狠下心来，看他自己单独去了。他有属于他的一生，是我不能相陪的，母子一场，只能看作一把借来的琴弦，能弹多久便弹多久，但借来的岁月毕竟是有其归还期限的。

他欣然地走出长巷，很听话地既不跑也不跳，一副循规蹈矩的模样。我一人怔怔地望着尤加利下细细的朝阳而落泪。

想大声地告诉全城市，今天早晨，我交给你们一个小男孩，他还不知恐惧为何物，我却是知道的，我开始恐惧自己有没有交错？

我把他交给马路，我要他遵守规矩沿着人行道而行，但是，匆匆的路人啊，你们能够小心一点吗？不要撞到我的孩子，我把我的至爱交给了纵横的道路，容许我看见他平平安安地回来！

我不曾搬迁户口，我们不要越区就读，我们让孩子读本区内的小学而不是某些私立明星小学，我努力去信任教育当局，而且，是以自己的儿女为赌注来信任的——但是，学校啊，当我把我的孩子交给你，你保证给他怎样的教育？今天清晨，我交给你一个欢欣诚实又颖悟的小男孩，多年以后，你将还我一个怎样的青年？

他开始识字，开始读书，当然，他也要读报纸、听音乐或看电视、电影，古往今来的撰述者啊，各种方式的知识传递者啊，我的孩子会因你们得到什么呢？你们将饮之以琼浆，灌之以醍醐，还是哺之以糟粕？他会因而变得正直忠信，还是学会奸猾诡诈？当我把我的孩子交出来，当他向这世界求知若渴，世界啊，你给他的会是什么呢？

世界啊，今天早晨，我，一个母亲，向你交出她可爱的小男孩，而你们将还我一个怎样的呢！

小蜥蜴如何藏身在草丛里的奇观

我给小男孩请了一位家庭教师，在他七岁那年。

听到的人不免吓一跳：

“什么？那么小就开始补习了？”

不是的，我为他请一位老师是因为小男孩被蝴蝶的三部曲弄得神魂颠倒，又一心想知道蚂蚁怎么回家；看到世上有那么多种蛇，也使他欢喜得着了慌，我自己对自然的万物只有感性的欢欣赞叹，没有条析缕陈的解释能力，所以，我为他请了老师。

有一张征求老师的文字是我想用而不曾用过的，多年来，它像一坛忘了喝的酒，一直堆栈在某个不显眼的角落。春天里，偶然男孩又不自觉地转头去听鸟声的时候，我就会想起自己心底的那篇文字：

我们要为我们的小男孩寻找一位生物老师。

他七岁，对万物的神奇兴奋到发昏的程度，他一直想知道，这一切“为什么是这样的？”。

我们想为他找的不单是一位授课的老师，也是一位启示他生命的奇奥和繁富的人。

他不是天才，他只是一个好奇而且喜欢早点知道答案的孩子。我们尊重他的好奇，珍惜他兴奋易感的心，我们不是富有的家庭，但我们愿意好好为他请一位老师，告诉他花如何开？果如何结？蜜蜂如何住在六角形的屋子里？蚯蚓如何在泥土中走路吃饭……他只有一度童年，我们急于让他早点享受到“知道”的权利。

有的时候，也请带他到山上到树下去上课，他喜欢知道蕨类怎样成长，杜鹃怎样红遍山头，以及小蜥蜴如何藏身在草丛里的奇观……

有谁愿意做我们小男孩的生物老师？

小男孩后来读了两年生物，获益无穷，而这篇在心底重复无数遍的“征求老师”的腹稿却只供我自己回忆。

寻人启事

我坐在餐桌旁修改自己的一篇儿童诗稿，夜渐渐深了。

男孩房里的灯仍亮着，他在准备那些考不完的试。

我说：

“喂，你来，我有一篇诗要给你看！”

他走过来，把诗拿起来，慢慢看完，那首诗是这样写的：

寻人启事

妈妈在客厅贴起一张大红纸
上面写着黑黑的几行字：
兹有小男孩一名不知何时走失
谁把他拾去了啊，仁人君子
他身穿小小的蓝色水手服
他睡觉以前一定要念故事

他重得像铅球又快活得像天使
满街去指认金龟车是他的专职
当电扇修理匠是他的大志
他把刚出生的妹妹看了又看露出诡笑：
“妈妈呀，如果你要亲她就只准亲她的牙齿。”
那个小男孩到哪里去了
听说有位名叫时间的老人把他带了去
却换给我一个比妈妈还高的少年
正坐在那里愁眉苦脸地背历史
那昔日的小男孩啊不知何时走失
谁把他带还给我啊，仁人君子。

看完了，他放下，一言不发地回房去了。第二天，我问他：

“你读那首诗怎么不发表一点高见？”

“我读了很难过，所以不想说话……”

我茫然走出他的房间，心中怅怅。小男孩已成大男孩，他必须有所忍受，有所承载。我所熟知的一度握在我手里的那一双小手犹如飞鸟，在翩飞中消失了。

仅仅就在不久以前，他不是还牵着妹妹的手，两人诡秘地站在我的书房门口吗？他们同声用排练好的做作的广告腔说：

好立克大王

张晓风女士

请你出来

为你的儿子女儿冲一杯好立克

这样的把戏玩了又玩，一杯杯香浓的饮料喝了又喝。童年，繁华喧天的岁月，就如此跫音渐远。

有一次，在朋友的墙上看到一幅英文格言：

“今天，是你生命余年中的第一日。”

我看了，立即不服气。

“不是的，”我说，“对我来讲，今天，是我有生之年的最后一天。”

最后一天，来不及的爱，来不及的飞扬，来不及的期许，来不及的珍惜和低回。

容我好好爱宠我的孩子，在今天，毕竟，在无穷岁月里，今天，仍是他们今后一生一世里最最幼小的一天啊！

冠　礼

我已成年
有够宽的双肩可以承担
有够柔和的心可以接纳和付出

我已成年
七千次的朝阳引燃我理想的点
七千番的月色示我以最美丽的歌哭

我已成年
此去要昂首面对生命中最强烈的痛苦和挑战
此去要俯首感谢信任前路的鲜花和祝福

后记：1987年台中西南区扶轮社借台中市立文化中心试为二十岁之青年举办古代加冠礼，以期能给予他们成熟人的自信和责任感，透过简春安教授索诗一首，我认为此事能融传统入现代，是有心人的善举，乃欣然应命如上。

人体中的繁星和穹苍

一个人是怎样变成自然科学家的？我认为是由于惊奇。

另一个人是怎样变成诗人的？我认为，也是由于惊奇。

至于那些成为音乐家，成为画家，乃至成为探险家的，都源于对万事万物的一点欣喜错愕，因而有不能自已地想去亲炙探究的冲动。

如果一定要说有什么差别的话，那就是科学家总是在惊奇之余想去揣一揣真相，文学艺术家却在惊奇之际只顾赞美叹气手舞足蹈起来——其实，没有人禁止科学家一面研究一面赞叹，也没有人限制文学艺术家一面赞叹一面研究。

万物本身的可惊可奇是可爱的，而我，在生活的层层磨难之余仍能感知万物的可惊可奇，也是可喜的——如今，在这方专栏里能将种种可惊可奇分享给别人更是可喜的。让我们一起来赞叹也一起来探究吧！

生命最初的故事

夜空里，繁星如一春花事，腾腾烈烈，开到盛时，让人担心它简直自己都不知该如何去了结。

繁星能数吗？它们的生死簿能一一核查清楚吗？

且不去说繁星和夜空，如果我们虔诚地反身自视，便会发现另一度宇宙，数以亿计的小光点溯流而上，奋力在深沉黑阒的穹苍中泅泳。然后，众星寂灭，剩下那唯一的，唯一着陆的光体。

——我其实是在说精子和卵子的结合过程，那是生命最初的故事，是一切音乐的序曲部分，是美酒未饮前的潋滟和期待，是饱墨的画笔要横走纵跃前的蓄势。

精子的探险之旅

如果说，人体本身的种种奇奥是一系列神话，则精子的探险旅行应视作神话的第一章。故事总是这样开始的：

有一次（Once upon a time），有一只小小的精子出发了，它的旅途并不孤单，和它结伴同行的探险家合起来有两三毫升（也有到五六毫升的），不要看不起这几毫升，每一毫升里的精子编制平均是两千万到六千万只（想想整个台湾地区还不到两千万人口呢！），几毫升合起来便有上亿的数目了！

这是一场机密的行军，所有的精子都安静如赴命的战士，只顾奋力泅泳。它们虽属于同一部队（它们的军种，略似海军陆战队吧！），行军途中却没有指挥官，奇怪的是它们每一个都很清楚自己的任务——它们知道此行要抢先去攀登一块叫“卵子”的陆地，而且，这是一场不能回头的旅途。除了第一个着陆的英雄，其他精子唯一的命运就是死掉。“抱着万一成功的希望”，这句话对它们来说是太奢侈了，因为它们是“抱着亿一成功的希望”而全力以赴的。

考场、球场都有正常的竞争和淘汰，但竞争淘汰的比率到达如此冷酷无情的程度，除了“精子之旅”以外，也很难在其他现象里找到了。

行行重行行，有些伙伴显然落后了，那超前的彼此互望一眼，才发现大家在大同中原来还是有小异的，其中有一批是 X 兵种，另一批是 Y 兵种。Y 的体形比较灵便，性格比较急躁，看来颇有奏凯的希望，但 X 稳重踏实，一种跑马拉松的战略，是个不可轻敌的角色。这一番“抢渡”整个途程不过二十五公分左右，但对小小的精子而言，却也等于玄奘取经横绝大漠的步步险阻了。这单纯的朝香客便不眠不休不食不饮一路行去。

优胜劣败的筛选

世间女子，一生排卵的数目约五百，一个现代女人大概只容其中的一两个成孕，而每一枚成孕的卵子是在亿对一的优势选择后才大功告成的。这种豪华浪费的大手笔真令人吃惊——可是，经过这场剧烈的优胜劣败的筛选，人种才有今天这么秀异、这么稳定。虽说“上天有好生之德”，但在整个人种绵延的过程中却反而只见铁面无私的霹雳手段呢！

虽然，整个旅程比一只手掌长不了多少，但选手却需要跑上两三个小时或五六个小时，算起来也是累得死人的长跑了。因此，如果情况不理想，全军覆没的情形也不免发生。另外一种情况也很常见，那就是选手平安到达，但对方迟到了，于是精子必须等待。事实上，精子从出发到守候往往需要支持十几个小时。

好了，终于最勇壮的一位到达终点了，通常在终点线附近会剩下大约一百名选手。最后的冲刺当然是极为紧张的，但这胜利者会得到什么呢？有鲜花、金牌在等它吗？有镁光灯等着为它做证吗？没有，这幸运而疲倦的英雄没有时间接受欢呼，它必须立刻部署打第二场战，它要把自己的头帽自动打开，放出一些分解酵素，而这酵素可以化开卵子的一角护膜。那卵子，曾于不久前自卵巢出发，并在此中途相待，等待来自另一世界的英雄，等待膜的化解，等待对方的舍身投入。

生命完成的感恩

这一刹那，应该是大地倾身、诸天动容的一刹。

有没有人因精卵的神迹而肃然自重呢？原来一身之内亦如万古乾坤，原来一次射精亦如星辰纳于天轨，运行不息。故事里的孙悟空，曾顽皮地把自己变作一座庙宇。事实上，世间果有神灵，神灵果愿容身于一座神圣的殿堂，则那座殿堂如果不坐落于你我的此身此体，还会是哪里呢？

附：这样说吧，如果你行过街头，有人请你抽奖，如果你伸手入柜，如果柜中上亿票券只有一张可以得奖，而你竟抽中了，你会怎样兴奋？何况奖额不是一百万一千万，而是整整一部“生命”！你曾为自己这样成胎的际遇而有过一丝一毫的感恩吗？

贰·古韵时音

他们竭力不欠人或欠神一分，
不僭越一分，
他们的生命里没有遮光的黑子，
他们的人格光华通透。

唐代最幼小的女诗人

她的名字？哦，不，她没有名字。我在翻《全唐诗》的时候遇见她，她躲在不起眼的角落，小小一行。

然而，诗人是不需要名字的，《击壤歌》是谁写的，哪有什么重要？“关关雎鸠”的和鸣至今回响，任何学者想为那首诗找作者，都只是徒劳无功罢了。

也许出于编撰者的好习惯，她勉强也有个名字。在《全唐诗》二千二百个作者群里，她有一个可以辨识的记号，她叫“七岁女子”。

七岁，就会写诗，当然很天才，但这种天才，不止她一个人，有一个叫骆宾王的，也是个小天才，他七岁那年写了一首咏鹅的诗，很传诵一时：

鹅鹅鹅，

曲项向天歌。

白毛浮绿水，

红掌拨清波。

骆宾王后来列名“初唐四杰”，算是混出名堂的诗人。但这号称“七岁女子”的女孩，却再没有人提起她，她也没有第二首诗传世。

几年前，我因提倡“小学生读古典诗”，被编译馆点名为编辑委员，负责编写给小学生读的古诗。我既然自己点了火，想脱逃也觉不好意思，只好硬着头皮每周一次去上工。

开编辑会的时候，我坚持要选这个小女孩的诗，其他委员倒也很快就同意了。全唐诗四万八千首，全宋诗更超越此数，中国古典诗白纸黑字印出来的，我粗估也有三十万首以上（幸亏有些人的诗作亡佚消失了，像宋代的杨万里，他本来一口气写了两万多首，要是人人像他，并且都不失传，岂不累死后学），在如此丰富的诗歌园林里无论怎样攀折，都轮不到这朵小花吧！

但其他委员之所以同意我，想来也是惊讶疼惜作者的幼慧吧？最近这本书正式出版，我把自己为小孩写的这首诗的赏析录在此处，聊以表示我对一个女子在妻职母职中逝去的天才的哀婉和敬意。

大殿上，武则天女皇帝面向南方而坐，她的衣服华丽，如同垂天的云霞，她的眉眼轻扬，威风凛凛。

远远有个小女孩走进大殿上，她很小，才七岁，大概事先有人教过她，她现在正规规矩矩低着头，小心地往前走去。比起京城一带的小孩，她的皮肤显得黑多了，而且黑里透红，光泽如绸缎，又好像刚才游完泳，才从水里爬上来似的。

女皇帝脸上露出微笑，她想：这个可爱的、来自广东的南方小孩，我倒要来试试她。中国土地这么大，江山如此美丽，每一个遥远的角落里，都可能产生了不起的天才。

“听说你是个小天才呢！那么，吟一首诗，你会不会？我来给你出个题目——《送兄》，好不好？”

女孩立刻用清楚甜脆的声音吟出她的诗来：

送　兄

别路云初起，
离亭叶正飞。
所嗟人异雁，
不作一行归。

翻成白话就是这样：

哥哥啊！

这就是我们要分手的大路了

云彩飞起

路边有供旅人休息送别的凉亭

亭外，是秋叶在飘坠

而我最悲伤叹息的就是

人，为什么不能像天上的大雁呢

大雁哥哥和大雁妹妹总是排得整整齐齐

一同飞回家去的啊！

女皇帝一时有点呆住了，在那么遥远的南方，也有这样出口成章的小小才女，真是难得啊！于是她把小女孩叫到身边来，轻轻握住小女孩的手，仔细看小女孩天真却充满智慧才思的眼睛，她仿佛看到一个活泼的、向前的，而又光华灿烂的盛唐时代即将来临。

一只公鸡和一张席子

先说一个故事，发生在希腊的：

哲人苏格拉底，在诲人不倦之余，被一场奇怪的官司缠上身，翻来覆去，居然硬是辩解不明。唉！一个终生靠口才吃饭的教师居然不能使人明白他简单的意念，众人既打定主意断定他是个妖言惑众的异议分子，便轻率地判他个死刑，要他饮毒而亡。

这判决虽荒谬，但程序一切合法，苏格拉底也就不抵抗，准备就义。

有人来请示他有何遗言要交代，他说：

“我欠耶斯科利皮亚斯一只公鸡，记得替我还这笔债。”

中国也有一位圣人，叫曾子，他倒是寿终正寝的。他临终的时候无独有偶的，也因为一个小童的提醒而想起一桩事来，于是十万火急地叫来家人，说：

“快，帮我把我睡的这张箦席换一换。”

他病体支离，还坚持要换席子，不免弄得自己十分辛苦，席子一换好，他便立刻断气了。

这两位东西圣哲之死说来都有常人不及之处。

苏格拉底坚持“欠鸡还鸡”，是因为不肯把自己身后弄成“欠债人”。人生一世，“说”了些什么其实并不十分重要，此身“是”什么才比较重要。其实苏格拉底生前并未向谁“借鸡”，他之欠鸡是因为他自觉处得非常自然（希腊当年有其高明的安乐死的药），是医神所赐，这只鸡是酬谢神明的。身为苏格拉底岂可不知恩谢恩，务期历历分明，能做到一鸡不欠，才是清洁，才是彻底。而曾子呢？他也一样，当时他睡的席子是季孙送的，那席子华美明艳，本来适合官拜“大夫”的人来用，曾子不具备这身份，严格地说，是不该躺的，平时躺躺倒也罢了，如果死在这张席子上就太不合礼仪了。

曾子临终前急着把这件事做个是非了断，不该躺的席子，就该离开，一秒钟也不能耽搁，他完成了生平最后一件该做的事。

这两位时代差不多的东西双圣立身务期清高，绝不给自己的为人留下可议之处。他们竭力不欠人或欠神一分，不僭越一分，他们的生命里没有遮光的黑子，他们的人格光华通透。

写故事的人都知道，最后一段极为重要，人生最后一段该想些什么，说些什么，做些什么，应该值得我们及早静下心来深思一番吧！

四个身处婚姻危机的女人

元代画家赵孟頫的妻子管夫人写过一首诗，十分脍炙人口：

你侬我侬，忒煞情多；
情多处，热如火；
把一块泥，捻一个你，塑一个我，
将咱两个一齐打破，用水调和；
再捻一个你，再塑一个我。
我泥中有你，你泥中有我；
我与你，生同一个衾，
死同一个椁。

这首诗二十年前一度是街头巷尾流行的现代情歌。它不但写得好，而且还很实用，据说当年让赵孟頫读此词而回心转意，罢了娶妾的念头。原来这么美的一首情诗竟是拿来“劝退”的。中国古来用文学挽救婚姻的故事发生过几次，第一次主角是汉代的陈皇后，她因嫉妒，遭汉武帝打入冷宫。司马相如替她写了《长门赋》，稿费黄金百斤（古代黄金未必只指金子，但仍是令现代人咂舌的笔润）。这篇高价买来的文章，果真有点功能，算是令她暂时和皇帝恢复了一阵亲善关系。

吊诡的是，这少年时代为人写《长门赋》的司马相如，后来老病之余也想娶妾。这一次，她那浪漫的妻子卓文君又能到哪里去找人替自己写感人的“短门赋”呢？她只好自己动手来写了。她写了一首《白头吟》，口气非常自尊自重，其辞如下：

皑如山上雪，皎若云间月。
闻君有两意，故来相决绝。
今日斗酒会，明旦沟水头。
躞蹀御沟上，沟水东西流。
凄凄复凄凄，嫁娶不须啼。
愿得一心人，白头不相离？
竹竿何袅袅，鱼尾何簁簁。
男儿重意气，何用钱刀为。

另外一个女人叫苏蕙，是晋代窦滔的妻子。窦滔镇襄阳，带着宠姬赵阳台去赴任，把苏蕙留在家中。苏蕙手织了一篇璇玑文，上面有八百多字，纵横反复，皆成章句。窦滔读了，很惊讶妻子的才华——不过好像也就那么感动一下就是了，没听说苏蕙的处境获得什么改善。

这四个女人或动笔，或动织布机，或劳动一代文豪。总之，她们都试图用文学来挽回颓势，而且多少也获致了一点成功。文学本是性灵的东西，性灵的东西在现实生活里不容易发挥什么功用，她们居然让文学为自己的婚姻效力，也算不简单了。

不知为什么，我读这些诗，却只觉悲惨，连她们的胜利我也只觉是惨胜，我只能寄予无限悲悯。啊，那些美丽的蕙质兰心的女子，为什么她们的男人竟不懂得好好疼惜她们呢？

卓文君和她的一文铜钱

下午的阳光意外的和暖，在多烟多嶂的蜀地，这样的冬日也算难得了。

药香微微，炉火上氤氲着朦胧的白雾。那男子午寐未醒，一只小狗偎着白发妇人的脚边打盹。

这么静。

妇人望着榻上的男子，这个被“消渴之疾”所苦的老汉（按：古人称糖尿病为消渴之疾），他的手脚细瘦，肤色黯败，她用目光爱抚那衰残的躯体。

一生了，一生之久啊！

“这男人是谁呢？”老妇人卓文君支颐倾视自问。

记忆里不曾有这样一副面孔，他的额发已秃，颈项上叠着像骆驼一般的赘皮。他不像当年的才子司马相如，倒像司马相如的父亲或祖父。年轻时候的司马虽非美男子，但肌肤坚实，顾盼生姿，能将一把琴弹得曲折多情如一腔幽肠。他又善剑，琴声中每有剑风的清扬袅健。又仿佛那琴并不是什么人制造的什么乐器，每根琴弦，一一都如他指尖泻下的寒泉翠瀑，琤琤琮琮，蹚不完的高山流水、谷烟壑云。

犹记得那个遥远的长夜，她新寡，他的琴声传来，如荷花的花苞在中宵柔缓绽放，弹指间，一池香瓣已灿然如万千火苗。

她选择了那琴声，冒险跟随了那琴声，从父亲卓王孙的家中逃逸。从此她放弃了仆从如云、挥金如土的生涯。她不觉乍贫，狂喜中反觉乍富，和司马长卿相守，仿佛与一篇繁富典丽的汉赋相厮缠，每一句，每一逗，都华艳难踪。

啊，她永远记得的是那倜傥不群的男子，那用最典赡的句子记录了一代大汉盛世的人——如果长卿注定是记录汉王朝的人，她便是打算用记忆来网罗这男子一生的人。

而这男子，如今老病垂垂，这人就是那人吗？有什么人将他偷换了吗？卓文君小心地提起药罐，把药汁滤在白瓷碗里，还太烫，等一下再叫他起来喝。

当年，在临邛，一场私奔后，她和爱胡闹的长卿一同开起酒肆来。他们一同为客人沽酒、烫酒，洗杯盏，长卿穿起工人裤，别有一种俏皮。开酒肆真好，当月光映在酒卮里，实在是世间最美丽的景象啊！可惜酒肆在父亲反对下强迫关了，父亲觉得千金小姐卖酒是可耻的。唉！父亲却从来不知卖酒是那么好玩的事啊！酒肆中觥筹交错，众声喧哗，糟曲的暖香中无人不醉——不是酒让他们醉，而是前来要买它一醉的心念令他们醉。

想着，她站起来，走到衣箱前，掀了盖，掏摸出一枚铜钱，钱虽旧了，却还晶亮。她小心地把铜钱在衣角拭了拭，放在手中把玩起来。

这是她当年开酒肆卖出第一杯酒的酒钱。对她而言，这一钱胜过万贯家财。这一枚钱一直是她的秘密，父亲不知，丈夫不知，子女亦不知。珍藏这一枚钱其实是珍藏年少时那段快乐的私奔岁月。能和当代笔力最健的才子在一个垆前卖酒，这是多么兴奋又多么扎实的日子啊！满室酒香中盈耳的总是歌，迎面的都是笑，这枚钱上仿佛仍留着当年的声纹，如同冬日结冰的池塘长留着夏夜蛙声的记忆。

酒肆遵父命关门的那天，卓王孙送来仆人和金钱。于是，她知道，这一切逾轨的快乐都结束了。从此她仍将是富贵人家的妻子，而她的夫婿会挟着金钱去交游，去进入上流社会，会以文字干禄。然后，他会如当年所期望的，乘“高车驷马”走过升仙桥。然后，像大多数得意的男子那样，娶妾。他不再是一个以琴挑情的情人。

事情后来的发展果真一如她所料，有了功名以后，长卿一度想娶一位茂陵女子为妾（啊！身为蜀人，他竟已不再爱蜀女，他想娶的，居然是京城附近的女子），文君用一首《白头吟》挽回了自己的婚姻——对，挽回了婚姻，但不是爱情。

皑如山上雪，皎若云间月。

闻君有两意，故来相决绝。

…… ……

凄凄复凄凄，嫁娶不须啼。

愿得一心人，白头不相离。

…… ……

“一心人”？世上有那一心一意的男人吗？

药凉了，可以喝了，她打算叫醒长卿，并且下定决心继续爱他。不，其实不是爱他，而是爱属于她自己的那份爱！眼前这衰朽的形体、昏眊的老眼，分明已一无可爱，但她坚持，坚持忠贞于多年前自己爱过的那份爱。

把铜钱放回衣箱一角，下午的日光已翳翳然，卓文君整发敛容，轻声唤道：

“长卿，起来，药，熬好了。”

不朽的失眠

——写给没考好的考生

他落榜了！一千二百年前。榜纸那么大那么长，然而，就是没有他的名字。啊！竟单单容不下他的名字“张继”那两个字。

考中的人，姓名一笔一画写在榜单上，天下皆知。奇怪的是，在他的感觉里，考不上，才更是天下皆知，这件事，令他羞惭沮丧。

离开京城吧！议好了价，他踏上小舟。本来预期的情节不是这样的，本来也许有插花游街、马蹄轻疾的风流，有衣锦还乡、袍笏加身的荣耀。然而，寒窗十年，虽有他的悬梁刺股，琼林宴上，却并没有他的一角席次。

船行似风。

江枫如火，在岸上举着冷冷的爝焰。这天黄昏，船，来到了苏州，但，这美丽的古城，对张继而言，也无非是另一个触动愁情的地方。

如果说白天有什么该做的事，对一个读书人而言，就是读书吧！夜晚呢？夜晚该睡觉以便养足精神第二天再读。然而，今夜是一个忧伤的夜晚。今夜，在异乡，在江畔，在秋冷雁高的季节，容许一个落魄的士子放肆他的忧伤。江水，可以无限度地收纳古往今来一切不顺遂之人的泪水。

这样的夜晚，残酷地坐着，亲自听自己的心正被什么东西啮食而一分一分消失的声音。并且眼睁睁地看自己的生命如劲风中的残灯，所有的力气都花在抗拒上了，油快尽了，微火每一刹那都可能熄灭。然而，可恨的是，终其一生，它都不曾华美灿烂过啊！

江水睡了，船睡了，船家睡了，岸上的人也睡了。唯有他，张继，醒着，夜愈深，愈清醒，清醒如败叶落余的枯树，似梁燕飞去的空巢。

起先，是睡眠排拒了他。（也罢，这半生，不是处处都遭排拒吗？）之后，是他在赌气，好，无眠就无眠，长夜独醒，就干脆彻底来为自己验伤，有何不可？

月亮西斜了，一副意兴阑珊的样子。有鸟啼，粗嘎嘶哑，是乌鸦。那月亮被它一声声叫得更黯淡了。江岸上，想已霜结干草。夜空里，星子亦如清霜，一粒粒冷绝凄绝。

在须角在眉梢，他感觉，似乎也森然生凉，那阴阴不怀好意的凉气啊，正等待凝成早秋的霜花，来贴缀他惨绿少年的容颜。

江上渔火二三，他们在干什么？在捕鱼吧？或者，虾？他们也会有撒空网的时候吗？世路艰辛啊！即使潇洒的捕鱼人，也不免投身在风波里吧！

然而，能辛苦工作，也是一种幸福呢！今夜，月自光其光，霜自冷其冷，安心的人在安眠，工作的人去工作。只有我张继，是天不管地不收的一个，是既没有权利去工作，也没福气去睡眠的一个……

钟声响了，这奇怪的深夜的寒山寺钟声。一般寺庙，都是暮鼓晨钟，寒山寺却敲“夜半钟”，用以警世。钟声贴着水面传来，在别人，那声音只是睡梦中模糊的衬底音乐。在他，却一记一记都撞击在心坎上，正中要害。钟声那么美丽，但钟自己到底是痛还是不痛呢？

既然无眠，他推枕而起，摸黑写下“枫桥夜泊”四字。然后，就把其余二十八个字照抄下来。我说“照抄”，是因为那二十八个字在他心底已像白墙上的黑字一样分明凸显：

月落乌啼霜满天，
江枫渔火对愁眠。
姑苏城外寒山寺，
夜半钟声到客船。

感谢上苍，如果没有落第的张继，诗的历史上便少了一首好诗，我们的某一种心情，就没有人来为我们一语道破。

一千二百年过去了，那张长长的榜单上（就是张继挤不进去的那纸金榜）曾经出现过的状元是谁？哈！谁管他是谁？真正被记得的名字是“落第者张继”。有人会记得那一届状元披红游街的盛景吗？不！我们只记得秋夜的客船上那个失意的人，以及他那场不朽的失眠。

“好的白话”的母亲

1

“文言？文言是什么呀？”

以上这个问题的答案，其实是看你在什么时代提出的。如果你是公元前四百年提出的，那么答案便是：

文言是《易经·十翼》里的一部。专来解释乾、坤两卦，因为是赞明易道、申说义理，所以叫“文言”。它的作者据《史记》说，是孔子。

如果这问题是公元前二百年提出的，则其答案是：

这是韩非子讲的一句话，在《韩非子·说疑》中说“文言多，实行寡”。韩非子把言和行对立起来，认为说些好听的话却迟迟不肯付之实行，又有什么意思？

后来，“文言”又曾和“质言”互为相反词。质言指老老实实直话直说，文言指修饰过、精练过的语言。

当然，如果你是九十年前提出这问题，那么负责回答的人很可能是胡适之、陈独秀或钱玄同之类的人，他们的答案大致如下：

文言文是古人用的文体，写起来文绉绉的，和口语有些距离。我们现在打算来提倡跟口语接近的白话文。

2

不过，第二个问题来了，什么叫文言？什么叫白话呢？是“古人写的叫文言，今人写的叫白话”吗？是“看不懂的叫文言，看得懂的叫白话”吗？我们且看下面的例句：

床前明月光，疑是地上霜。

这是一千二百年前李白写的，却也明白易晓，它算白还算文？

千年寒铁铸成一身孤傲
剑身的冷是因为血的热

这是近人洛夫的《大寂之剑》，但它对中学生而言有那么好懂吗？白话一定浅俗吗？

至于李金发的《弃妇》则更难解：

弃妇之隐忧堆积在动作上
夕阳之火不能把时间之烦闷
化成灰烬，从烟突里飞去
长染在游鸦之羽
……

李诗当然引起一时骇异，但论者仍然给它“一家之言”的地位。

此外，如“乍可”、“叵耐”、“蹄子”、“邹搜”、“弟子孩儿”、“魔合罗”（或作磨喝乐）、“哈喇”难道很好懂吗？

它们却是某时某地流行的白话文哦！末两词又分别是印度和蒙古的外来语。

另举一例：

有自负为中国之虞哥、左喇、桂特、郝卜特曼、狄铿士、王尔德者乎？有不顾迂儒之毁誉，明目张胆以与十八妖魔宣战者乎？

这段文字你以为是文言文吗？哈，错了，它是陈独秀写的白话文（至少他自以为是），用以鼓吹白话，原来他说的白竟是这种白法。

五四倡议白话文的诸君中，他们所说的白话其实只是“浅文言”。

当时还有位钱玄同（古文字学者），他极力赞同胡适之的“不用典故”之说（胡氏本人倒不坚持）。有趣的是，他一九一七年二月二十五日致胡适的附和信中也自打耳光，用了“老妪能解”“公等碌碌”“不求甚解”“优孟衣冠”“不登大雅”诸典故。典故的厉害便在于你就算反它，却不知不觉还是用了它。

用文言文来反文言文，用满纸典故来反典故，五四诸君岂不荒谬到有趣？

3

可不可以我们这样说，即：

文学基本上是追寻通晓条畅的，是追寻与阅读者相知相感的。果由于作者个人风格而令人难解，或由于时代湮久而不易明白，就该有阐述者来解析，使文义还原。

文言文是遗产，遗产不该拒领，它能使白话文富赡奥美，而祛其俗病，大家都该来亲炙一下文言文。

昨夜？枝开

宋代魏庆之的《诗人玉屑》中记载一则故事如下：

郑谷在袁州，齐己携诗诣之。有《早梅》诗云："前村深雪里，昨夜数枝开。"谷曰："数枝，非早也。未若一枝。"齐己不觉下拜。自是士林以谷为"一字师"。

齐己和郑谷并是中唐诗人，留下的诗作皆不少，齐己且是僧人（还入了《高僧传》），算是诗僧。诗僧和一般诗人不同，他们在看破红尘之余好像还有那么一点看不破的留恋。而偏是那点看不破的留恋，令我们疼惜。当时齐己带着自己的诗作去看郑谷，想来那诗是他的得意之作。附带说一下，袁州因袁山而得名，此州在江西省西部，即今宜春和萍乡一带，萍乡因产煤，光绪年间遂有汉冶萍公司，算是出了一点名。江西省至今仍是穷地方，但江西人很厉害，一部分客家人来自江西，且江西的茶叶、瓷器和文学产业都了不起，黄山谷、欧阳修、汤显祖都是此地人。话说那一日虽是初见，两人早已互重，而因为互重，郑谷在欣赏之余便说了真话：

“‘昨夜数枝开’不妨改作‘昨夜一枝开’啊！”

一语惊醒梦中人，原来诗之陈设亦如画之构图，娉婷一枝来入眼，远比三四枝更能聚焦。许多事情并不倚多为胜，能芟除才有突显，有割舍始见真章。深深雪原上，一枝清癯寒梅怯怯探首，香息却已惊心动魄，这方是早梅的真精神啊！

在周紫芝的《竹坡诗话》卷三也有故事如下：

宋曾吉父《送汪内相赴临川诗》有“白玉堂中曾草诏，水晶宫里近题诗”。韩子苍（韩驹）改“中”为“深”，改“里”为“冷”，吉父闻之以子苍为一字师。

“中”和“里”都是介系词，本是个老老实实的字眼，没有什么不对之处。但在寸土必争的古诗王国里，我们却很期望每个字身兼数职。绝句和律诗本身都是那么短小的体制，怎容得浪费？“白玉堂‘深’”所以比较好，只因它虽是形容词，却也包括了“中”。至于“水晶宫‘冷’”，当然也包括了“里”。这种改诗手法，近乎经济学法则。

但是，芟砍一定就是好事吗？也未见得。曾听长辈叙一事，谓滕王阁附近，常有鬼物长夜诵吟，吟的句子是：

落霞与孤鹜齐飞，
秋水共长天一色。

这鬼是谁？似乎是王勃，他吟句做什么？据说理由是挑战，挑战什么？原来他自认为当年的句子写得极好，谁有本事不妨来改我一字。由于“耀‘文’扬威”多年，并无一人敢应战，他也就夜夜扰人，让大家不胜其烦。终于有个人忍不住了，望空大骂一句，居然那鬼从此噤若寒蝉，不则一声。

那人骂的是什么？他说：

“你那算什么好句子？明明六个字可以说得的，你却用了七个字，你听：‘落霞孤鹜齐飞，秋水长天一色。’不也一样好吗？六个字就够了呀！”

那鬼看来，想必不是王勃本人，因为他居然被这么一句话就给吓退了，真是个笨鬼。假如只需删字，句子就会变好，哪还需要字斟句酌的种种用心呢？“与”“共”这种连接词虽是小事，中文词汇也常省去，例如我们用“夫妻”，不像英文习用“夫和妻”，我们说“灵欲”，不像英文说“灵魂和肉体”，但如管夫人的那句：

“我与你，生同一个衾，死同一个椁。”

若改成：

“你我生则同衾，死则同椁。”

味道就差得多了，因为说成“我与你”，则仿佛见一天平，两边各立一人，彼此旗鼓相当，气势相埒，管道升其人自有古代淹雅女子的自尊自重。把“与”字去掉，则仿佛做拉面时把高筋面粉换成了低筋面粉，面形虽在，而吃在嘴里却筋道全无，可不慎哉！

落霞孤鹜、秋水长天，这种组合入画尚可，但文学之为物，总该能表一表千里长霞和一只孤鹜间的相依相存和相类相求的关系。霞本不飞，受了孤鹜的感召竟也振翮相从，这叫落霞与孤鹜齐飞。秋水长天本来虽也肤肌相近，但直到王勃说破，他俩才正式叙了亲，认了宗，归入同一谱系，这叫秋水共长天一色。

这样的句子，其实是删改不得的。

龙，在药店里

龙，这种只闻其名却未见其形的古生物，它，到底生存在哪种空间里呢？当然，它是神物，宜乎见首不见尾，并保有其神秘性。所以，它可能在天，可能在野，可能在河，也可能在海。它可以在长空而为云为雨，也可以在海洋而为浪为鲛……

一八九九，大清帝国落幕前十二年，有位学者名叫王懿荣，他因小恙，去中药铺抓了药回来煎煮。当时文人多半懂些药理（或自认为懂，可参看钱锺书的小说《围城》，书中主角方鸿渐的父亲每爱给家仆开药方）。这位王懿荣也就来检查一下自己所服之药的成分。其中有味药便是“龙骨”，龙骨治什么？似乎用于安神，龙骨为什么能安神？我猜是含有钙成分。

这王懿荣是光绪年间的进士，是个文字学者，他当时一看手上的龙骨，顿时大惊，因为龙骨上面居然有字！这跟传说中牛顿遭下坠苹果打中头部一样，都是“历史上重要的一秒钟”。这龙骨上的古怪花纹，如果落在你我眼中，我们大概也只会暗叫一声古怪，至于迷信的家伙大概要以为是吉兆或凶兆。但王懿荣一眼就看出这笔画必然和古文字有关。所幸他又有钱，于是重金求购，搜集了第一批私人收藏的甲骨文。其后研究这门学问的人很多，如孙诒让、刘鹗、罗振玉、王国维，甚至日本的林泰辅、加拿大的明义士，皆各有成就。

不过，有学问的文字学者重视的是甲骨“文”，那里可以看到文字更远古的脉络，对历史有兴趣的人更因而可以考察风俗了解民情。我却只对“甲骨”着迷，不，其实只有对“骨”着迷。甲是指乌龟的腹甲，骨是略呈三角形的牛的肩胛骨。

不知是不是“龙骨”让人吃得愈来愈少了（其实，我在迪化街中药铺还买到“五彩龙骨”和“白龙骨”，看来是钙化了的古生物骨骼），后来就挖到牛的肩胛骨也算它是龙骨了。中医开处方，似乎是汉以后的事，不知历世历代国人吃了多少地下的龙族骨骼或牛骨骼？

宋代的郭茂倩编了一本《乐府诗集》，书中收了南朝的《读曲歌》共八十九首，其中第三十五首便是讲“药店龙”的。可见那时的龙骨已经很普遍入药了。那首诗十分缠绵，比喻也用得出奇，口吻却是女子的，她说：

自从别郎后，卧宿头不举。

飞龙落药店，骨出只为汝。

曾经，当你在我身边的时候，我是多么意气风发啊！但你走了，我忽然像一只死去的龙，沦落药铺。死去的龙变成龙骨在出售，而我为思念你也消瘦嶙峋，眼看着就要一把骨头都冒出来了。

另外唐人李商隐也有《垂柳》诗（或作唐彦谦作），模拟女子的幽怨如下：

……

怨目明秋水，愁眉淡远峰。小阑花尽蝶，静院醉醒蛩。

旧作琴台凤，今为药店龙。宝奁抛掷久，一任景阳钟。

其中倒数第三句“今为药店龙”（供人熬药），也是极感伤的句子。

不去想甲骨“文”，却去想龙“骨”，由龙骨又想到千古女子因情而生的千种困境和万般忧凄，看来我真不是个好学者的料。

龙落浅水，当然可悲。龙落药店，更是惨伤无望、万劫不复。这当然是古代女子的不幸处境——不过，难道真的只有古代女子如此不幸吗？

杜鹃之笺注

郑康成为《诗经》作笺，宋人吴正子为李贺诗作笺，凡是美丽且奥义的东西都需要“笺”，我今且来为千岩之上万水之畔的杜鹃细细作笺。

对万物，我是这样来判断的：

一切东西，如果真的很好，好到极致，大概终于都会嫁给神话。凡是跟神话无缘的，在我看来，都像新贵乍富，少掉了一些可凭可依的深意。

是故大地有其神话，日月有其神话，星辰和露珠有其神话。此外季节、山川、风俗亦有其神话。群花虽微，其中总有一些像月下突拔的峰头，平白沾得几许天庭幽辉。凡是能和神话结缘的花，总有其特异的风姿。

其实所谓神话，不就是一番注解的苦心吗？上帝是造物者，人类则是费心为万物一一做注释的人。相对于宇宙的好生之德，我们不都是“述而不作”如仲尼的人吗？我们不能造山造河，所以只好演述它们的美丽。诗人为它们做感性的释义，科学家为它们做知性的缕析，那说神话故事的人却希望寻幽探微，说破万物的潜秘。此外一切画家、音乐家、哲学家不都如小学生面对试卷，在努力地做着注音和解释的题目吗？

因此，回想起来，七岁那年我所以爱上杜鹃花，其实大半原因是由于先爱上了一则神话。

那年春天，我们住柳州城，房子坐落在山脚下，时时听到风声和鸟声。由于房子是借住的，由于山、由于春天、由于雨雾、由于父亲仍在战线上，童年的我竟也会感应一份客愁。夜深时，我在灯下习字，母亲说：

“这种杜鹃鸟很奇怪，它把自己倒吊在树枝上叫，叫到后来，血都从舌头上滴下来，滴到杜鹃花上，花就染红了。”

春寒犹深的夜里，听到这样凄厉的故事，小小的心不免悸怖觳觫，奇怪的是在惊惧之余偏偏不能自禁地喜欢上这种诡异的花。每次站在杜鹃花前，心中亦惨亦烈，想起泣血的故事，但觉满满一丛树上都是生生死死的牵绊。

杜鹃又名山踯躅和映山红，对我而言，初识杜鹃，原是在山上，漫山的红花，是踯躅不忍言去的颜色啊！幼年时，但记得湘黔线上，火车经过湖南、广西一带（怎知我日后会嫁一个湖南人呢？），竟是在花阵中穿行。那时太小，不知逃难有什么不好，只觉站上小贩卖的腊肠焖饭极好吃，满山满谷的山踯躅极美丽，悠悠的铁轨可以笔直无回地一路开拔下去。

小时候记不住什么湘黔线，却记得一山复一山的杜鹃——虽然不是名种。故土最后的一抹颜色，凄艳绝人，一条光光灿灿照明离人之眼的花之轨迹。

去岁，李霖灿先生和我谈大千先生的故事，他说：

“有一年，大千先生邀我去看杜鹃，他新从瑞典空运回来的黄色杜鹃，极名贵。我去看了，他问我花如何？我笑而不答，他再问，我仍笑而不答。大千先生忽然懂了，洒然大笑说：‘是啦！是啦！我懂啦！这种花，不入法眼，你在云南住过，好的杜鹃品种你是见识过的。’我说：‘对了，正是如此。’”

我听那故事，不胜欣羡，此生此世，如能被人说一句“好的花，她是见识过的！”也就心满意足了。

然后就是台北，记忆中杜鹃该开在南方的山城里，台北亦是多雨多山的城，亦有杜鹃烈烈而发。读大学是在溪城，那时学校草莱初辟，时时看见苏州籍的施季言先生撑着把遮阳伞在后山指挥工人堆石种花，布局之间，恍然有苏州庭园风。他所种下的几乎全是杜鹃（虽然也有栀子）。年年春花，都让我驻足，让我想到这些花原来都是我的同届同学。而今，它们如此云蒸霞蔚，我呢？其中有一丛开在阶梯旁石缝中的粉色杜鹃，我几乎把它看作迷信故事里的“本命树”，年年春天都要和它相对站一会儿，仿

佛那二十岁的长发女孩，此际来重访故人，或者自己。

杜鹃又几乎是所有校园里的宠花，由于是校园花，也可以算是青春的旗标、智慧的泉柱。台大校园里的杜鹃许多是日据时期种下的，杜鹃这种花竟是愈老愈精神，非常像“知识”，是一种历久不凋的容颜。

前些年，不知为什么，忽然流行起重瓣的洋杜鹃，奇怪的是许多花虽因重瓣而美丽，杜鹃偏偏是单瓣的好看。单瓣的杜鹃才有单纯明朗的线条、干净澄定的颜色。而且台湾杜鹃花期长，又耐得各种气候，真是放诸天下亦可骄傲的春华。

杜鹃开到五月，大致谢了，却由于额外的恩宠，台湾又有一种小朵杜鹃来接棒。它们一般开在山里，有时从悬崖壁缝里倒长下来，乍看不免又惊又喜，看来杜鹃真是中国花，好比中国人喜欢《西游记》之后又有《西游记补》，《西厢记》之后又有《续西厢》，这小朵杜鹃看来亦是杜鹃的续篇。另外有种红心杜鹃（亦名红星杜鹃），也极出奇，大约花中也有隐人高士，红心杜鹃风格高标，竟自顾自地长成一棵树了。看来杜鹃是亦师亦友的对象，与人齐高的可做朋友，硕大成树的可居宗师，至于那小丛小朵的，则是可爱宠娇纵的孩童。

杜鹃无果，是绝对为美而生存的花，再功利的人看到杜鹃也要心软，知道无用也是可以理直气壮的。

杜鹃花的花期长，是上天的优惠，但它又不像某些花开足十个月，显得太长，反而失去了季节更迭的喜悦。杜鹃花的花时如情人的乍见与相守，聚是久违的狂欢，离是迟迟的驻步，发乎其不得不发，止乎其所当止。

至于多年前的山城春夜，听母亲说那则极美丽且极可怕可伤的神话，现在想想竟不惊了。王尔德笔下的红蔷薇，不也是夜莺刺透胸血而染红的吗？人间的欢愉，人间的艳色，背后不都潜藏着生命极挥洒处的最后一滴血吗？

如果杜鹃花是一部属于春天的经书，则我此番絮絮叨叨便是解释经书的笺注了。上天啊，能否容我为山作笺、为水作注、为大地作传、为群树作疏证？答应我，让我站在朗朗天日下为乾坤万象作一次利落动人的简报。

如果你看不明白这番笺注，就请去翻阅杜鹃那部经书的原典吧！它的墨色淋漓，至今犹新，每一朵花都是一粒点捺分明的字模，每一字可以说破万千法象，亿万朵花合起来则是说不尽的天道悠悠——所以，如果这部解释性的笺注使你愈看愈糊涂，则请你去翻查杜鹃那部经书的原典吧！

题库中的陆游

问学生陆游是谁，他们自有标准答案，那答案是：“南宋爱国诗人。”

你不能说他们错，却知道，他们也似乎不全对。

好好一个陆放翁，结结棍棍地活过八十多年，在疆场披霜，在情场流泪，写下上万首的诗，小词也填得沁人肺腑。这样一个人，岂肯被你一句“南宋爱国诗人”六个字套牢。

然而这是一个粗鄙无文的时代，大多数的人急着把自己或别人归类，归了类，就做完了选择题，就可以心安了（天知道啊，至少我自己这半生就努力不让人家轻易把我给拨进某一队里去，更不要挂上某一番号）。

那人是活到七十八岁，犹然为满山梅花惊动得不安的灵魂，写下“何方可化身千亿，一树梅花一放翁”的句子。那时候，如果你问他：

“陆游，你是谁？”

他会说：

“我是想化身千万而不得的凡人，如果可能，我希望我是一万个陆游的集合体，我希望我随时可以散开，散到四山去，在每一棵老梅下放一个陆游——而每一个陆游都是梅花之美的俘虏。你问我是谁？我是花臣酒卒。”

晚年，他是行走在村头社尾的一个老头：

“儿童共道先生醉，折得黄花插满头。”

此时，你如大叫一声：

“喂，老头，你是谁呀？”

他会说：

“我是那些小鬼捉弄的对象，他们很快乐，因为看到我喝醉了，便插我一头野花来害我出糗——我也很快乐，我这辈子从来不好意思自己插花戴朵。现在装装醉，装装被他们陷害，体会一下满头插花的快乐——哈，我是谁？我是一个老骗子呢！”

世上总没有一生八十年，一年三百六十五天，一天二十四小时的“爱国诗人”，陆游只是写他的诗，只是记录他的心情，至于分类，陆游何尝知道自己已经被贴上标签，分类归档，准备拿去题库里当一条很好的选择题。

叁·生命有光

原来一切的『继续』
其实都可以被外力『打断』，
一切的『进行』都可能强行『中止』，
而所谓的『存在』
也都可以剥夺成『不存在』。

晴日手记

天气忽然好了，咦？居然说好就好了。因为已经坏了一个月，我几乎已经对他的阴阳怪气习以为常了。而今天他竟莫名其妙地好了，不免让人觉得诡异，总觉得这位叫“天气”的坏家伙一旦露出微笑，准是包藏祸心，打算在今天某一时某一刻对你说翻脸就翻脸，杀你个措手不及。哼，我才不上你的老当呢！

——可是中午过了，阳光依旧笑面迎人。看来并没有安排下什么害人的勾当，说不定，他真的改邪归正了，我却对他步步设防，不肯信任，是不是也忒小气了？

于是推开书，决定从研究室走出来，开车到阳明山去转一圈。一般而言，如果因缘凑巧，我一年要上四次阳明山。一年去四次是指春夏秋冬，春天有樱花、新枫和杜鹃，夏天有满山壁的粉色野生海棠，秋天是长茎阔叶山菊花，冬天，冬天可以在山径上找个咖啡座，坐下来独酌，在暖阳里。兴致好的话可以为每一朵过眼的白云起一个名字，例如走快的叫“碧落客”，此三字最好用粤语念，声调利落斩截，至于身体长且走得慢的叫“迤逦纱白”……

去阳明山对我有如宗教仪式，某些人去耶路撒冷，某些人一生要去一次麦加，某些人去恒河畔的瓦拉纳西。但那些城市都多么遥远啊！阳明山距我的研究室却不到十公里，他不是我的“远亲”或“近邻”，他是我的“近亲兼近邻”。

出得研究室，只见蓝天白云阵仗俨然，看来今天的好天气是玩真的了。

因为有风，只见白云一队队缓缓移防，云后面是山，山如如不动，恒定稳镇，格外衬得白云每一寸行脚都被我看得一清二楚。

山路旁的斜坡上有家小店，小店比路面又高出五米，我买了杯咖啡，一面焐手，一面低头俯瞰山路上的来往行人。

忽然来了一人，一个上了年纪的男人，穿着一件红夹克，戴着墨镜，在路上散步，他低着头，随意踢着小石子。一个闲闲的，无害的老男孩。我一面喝咖啡，一面在晴暖的阳光下看这个人。哎，这家伙我是认识他的，却不曾近距离接触过，此刻我和他的垂直距离是五米，他看不见我，他也许刚从书房出来，只想做个日光淋浴，他没有回顾，更没打算抬头望，只一径专心踢着路边的石子。

但这人在三十多年前却有一阵子带给我极大的焦灼和痛苦，

而现在，一切都过去了。我从五米高的户外咖啡花园俯瞰他，心中无喜无嗔。

三十多年前，有一天，出版人隐地气急败坏地来找我，爬上我家四楼，他几乎是惊魂甫定：

“我告诉你，糟了，那家伙一向爱告状，这一次居然告到你头上来了。他说，要和解，可以，得拿出一百万。”

“一百万？我哪来一百万给他，我陪他到法庭上去走走就是了！”

我闻知此人雅好诉讼，他把此事看作“成本一块钱的游戏”（状纸成本售价一元）。我也没钱请律师，就自己上庭去，这家伙却没有出庭。不久，法院判决寄来，我无罪。

他为什么告人成癖？也许为钱，也许为好玩。哎，诉讼难道真的很爽很好玩吗？而我被他选上据说是因为蒋中正死了，我写了悼念的文章，他看了不痛快，所以要安排点苦头让我尝尝。

而此刻，天如许蓝云如许白草如许绿阳光如许熏暖咖啡如许芳香的下午，我要为三十年前的法庭恩怨来心中暗咒山路上那个和我同沐于这些天宠下的家伙吗？算了，恨人也是要有力气的，此时此际，我要做的事是集中精神张开每一个毛细孔，来承受冬阳的恩膏，以及惠风的拂拭。三十年是多么漫长的岁月啊！李贺就只活了二十六岁，肺病诗人济慈的阳寿是一七九五至一八二一，另外一个同样死于二十六岁的是初唐四杰里的王勃，不同的是他死于“溺水获救后的忧郁症”。雪莱也死于溺水，但这事如果晚二十七天才发生便可以凑成三十岁。三十，这比某些天才一生还长的时间，也足够构成原谅或不在意的理由了吧！

这么好的晴日，我刚在道旁看到几丛肥美的山茼蒿野菜，待会儿摘它两把回去，晚餐可以煮成山蔬糙米粥，哎，人世真是如此安谧静好啊！

“你为什么拿这一颗？”

回家之前，我去买了一些水果。

我买了一根香蕉、两个橘子，和一个泰国椰子。中秋节刚过，家里水果没吃完的还很多，随便买一点即可。今天选的三样各有理由，香蕉是因为今年盛产，大家帮忙吃一点比较好，所以买它几乎是出于道德的因素。至于橘子是因为它初上市，皮还青青的，闻起来香味却极辛烈，令人想起千年前的老苏写给朋友的诗：

一年好景君须记，
最是橙黄橘绿时。

只需花少许钱，就能买到季节的容颜和气味，以及秋来的诗兴，何乐不为——所以，买橘子，是基于美学理由。

而买椰子却有个非常简单明了的诉求，我口渴了。此刻已是晚上十点半，我在外工作了一整天，非常辛苦，自己带的水也喝完了，买可乐或矿泉水会留一个塑料瓶来伤害大地，不如买椰子，椰汁甘美近酒，而且椰子壳对大地是无害的。

我在排队付钱的时候，收账的老板娘用非常奇怪的眼神望了我一眼，说：

“喂，阿姨，你为什么要拿这一粒？”

她指的是那颗椰子。

咦？这一颗不能拿吗？难道顾客有义务告诉店家自己为什么要选某一颗水果吗？这年头连父母都不见得敢问子女为什么要选某人为配偶了，我却竟要回答这么一个奇怪的问题。

“没什么，我随便拿的。”我说的是实话。

付完钱，我请她帮我在椰子上凿一个洞。她凿好，替我插上吸管，然后，她转过身来，又追问了一句：

“那么多粒椰子，你为什么偏偏拿这一粒？”

奇怪，原来她还没有放弃要问我真相，这一次，轮到我好奇了：“这一粒，有什么不该拿吗？”我问。

“大小都是三十元一粒，这一粒，特别小呀！”她叹气，仿佛我是白痴，“所以，刚才那根香蕉我没跟你拿钱……但是，怪呀，你为什么要选这一粒呢？”

她的年纪看起来不算小，从事这一行想必也有些岁月了，阅人大概也不在少数，看到我这种顾客不选大反选小，简直颠覆了她专业知识归纳出来的金科玉律，所以想穷追猛打问个明白。

但我并不想挑个大大的椰子，我此刻并没有太渴，就算渴，我也快到家了，我只想有点什么润润喉而已，有什么必要花时间去精挑细选找粒椰汁饱足的大椰子呢？这跟道德的修养不太有关系，我只觉这样做比较合理而已。如果我此刻行过沙漠正午，喉干舌燥之际看见椰子摊上有大小不一而价钱一样的椰子，我大概也会拣个大的拿吧！

可是回顾前尘，我的大半辈子好像都没碰上什么非争不可或非挑不可的事，我习惯不争，可也没吃过什么大亏。像此刻，老板娘不就免了我的香蕉钱吗？也许她可怜我的弱智吧！其实她没算我香蕉钱我也是经她说明才知道的。我习惯不看秤，不复核，店家说多少我就给多少。我不是个全然不计较的人，但生命、义理、文章都够复杂了，实在顾不上水果的价钱啊！

我当场把椰汁喝完了，那分量不多不少，刚刚够润我当下的枯喉。

（港台地区的方言，习惯以“粒”为水果单位，本文有的地方用“粒”，有的地方用“个”或“颗”，是因为考虑其他地区的华人读者。）

闻　歌

听小孩唱歌，别有一番大惊动。

这小孩唱的是首黑人灵歌，歌名叫《老黑乔》，算是一首许多人听熟了的歌。我当时正开着车，猝不及防，这小孩的歌，便沿广播系统流满一车，让人无从闪躲。

黑人灵歌别有肺肠，是伤心到极处以后的自我疗程。听者几乎可以从那歌声中揣摩歌者似乎正一面舐着刚刚新绽裂的鞭伤，一面用歌声反击。

沉默的时候，黑人是输家——可是，只要黑人一开口，连天使都要震动三分、退避三分。那歌声是整个非洲的乡愁，加上整个美洲的载重。是夜半无人时，从咸咸的伤口里喷洒出来的甜甜的赞美和颂词。初听一声黑人灵歌，如遭雷殛，站不稳，连退三步的事也是有的。

黑人唱“死亡”主题，淡淡的忧伤中自有其无限的甜柔蜜意，死了，告别人世的苦厄悲辛，与逝者永相欢聚。再没有人诠释死亡诠释得如此安详利落。

然而这种一事不经的小孩又懂得什么叫死亡呢？他们连病痛和衰老都不见得能想象，他们又哪里知道什么叫死亡呢？不知道什么叫死亡的人如果唱死亡也是不足畏也，怕它作甚？奇怪的是，这些不懂死亡的孩子唱起死亡来竟一样令人痛断肝肠。这大概略如某些人相信梵文经典具有法力，即使交由“有口无心”不识梵文的小和尚来念，也一样可以降魔伏虎。

音乐和文字大概也具有这种魔异法力，不须经过什么伟大的诠释，竟也自自然然能移入。歌者只要干干净净地把它唱出来，唱得准准确确，效果便如柔弱的女子纤指轻按密码，只要按对，巨大的闸门自可挪开。

成人唱歌，不知为什么有时反而坏事。成人不透明，他总是把一首蓝色的歌加点红，唱成了紫。或者加点黄，唱成了绿。结果诠释变成了扭曲。他又像在素雅的雪菜百叶的翡翠白玉般的组合中加了一匙黑乌乌的酱油，他又像在香甜焦黄的炸团上不由分说地撒上了黑胡椒酱。

孩子却是晶莹剔透的，没有杂质，没有解释，而你不可能误解。好的成人懂得在诠释之际保留本质。如果歌是蓝的，他加点黑，使颜色变成暗蓝，或加点白，使颜色变成粉蓝，加点铅色，变成银蓝……好的成人歌者只用一点自己的色彩去衬托、去说明，却不离其本。显得那一点点出轨像美人身上的香水，虽也诠释了美人，却总在若有若无之间。

下一次，我想，下一次听小孩唱歌我要小心一点，他们也可以引发极强的点爆力，他们笑面如蜜，歌声香腻如枫糖浆。但他们却可以让闻歌的耳朵如遭薄刃，如逢地雷，只要他们唱的是一首悲伤的歌，你休想逃脱音乐的掌心。孩子是音乐世界的小帝王，决不因为他们小而短少王权，令牌一旦伸出，致命的裁决还是有效的。

啊，想起那直着喉咙唱出的童音，想起《老黑乔》的调子，是如何令人热耳酸心啊！

回头觉

几个朋友围坐聊天，聊到“睡眠”。

“世上最好的觉就是回头觉。”有一人发表意见。

立刻有好几人附和。回头觉也有人叫“还魂觉”，如果睡过，就知道其妙无穷。

回头觉是好觉，这种状况也许并不合理，因为好觉应该一气呵成，首尾一贯才对，一口气睡得饱饱，起来时可以大喝一声：“八小时后又是一条好汉！”

回头觉却是残破的，睡到一半，闹钟猛叫，必须爬起，起来后头重脚轻，昏昏倒倒，神志迷糊，不知怎么却又猛想起，今天是假日，不必上班上学，于是立刻回去倒头大睡。这“倒下之际”那种失而复得的喜悦，是回头觉甜美的原因。

世间万事，好像也是如此，如果不面临“失去”的惶恐，不像遭剥皮一般被活活剥下什么东西，也不会憬悟“曾经拥有”的喜悦。

你不喜欢你所住的公寓，它窄小、通风不良，隔间也不理想。但有一天你忽然听见消息，说它是违章建筑，违反都市计划，市府下个月就要派人来拆了。这时候你才发现它是多么好的一栋房子啊，它多么温馨安适，一旦拆掉真是可惜，叫人到哪里再去找一栋和它相当的好房子？

如果这时候有人告诉你这一切不过是误传，这栋房子并不是违建，你可以安心地住下去——这时候，你不禁欢欣喜悦，仿佛捡到一栋房子。

身边的人也是如此，惹人烦的配偶，缠人的小孩，久病的父母，一旦无常，才知道因缘不易。从癌症魔掌中抢回亲人，往往使我们有叩谢天恩的冲动。

原来一切的“继续”其实都可以被外力“打断”，一切的“进行”都可能强行“中止”，而所谓的“存在”也都可以剥夺成“不存在”。

能睡一个完美的觉的人是幸福的，可惜的是他往往并不知道自己拥有那份幸福。因此被吵醒而回头再睡的那一觉反而显得更幸福，只有遭剥夺的人才知道自己拥有的是什么。

让我们想象一下自己拥有的一切有多少是可能遭掠夺的，这种想象有助于增长自己的“幸福评分指数”。

回首风烟

“喂，请问张教授在吗？”

电话照例从一早就聒噪起来。

“我就是。”

“嘿！张晓风！”对方的声音忽然变得又急又高又鲁直。

我愣一下，因为向来电话里传来的声音都是客气的、委婉的、有所求的。这直呼名字的作风还没听过，一时竟不知如何回答。

“你不记得我啦！”她继续用那直统统的语调，“我是李美津啦，以前跟你坐隔壁的！”

我忽然舒了一口气，怪不得，原来是她！三十年前的初中同学，对她来说，“教授”“女士”都是多余的装饰词。对她来说，我只是那个简单的穿着绿衣黑裙的张晓风。

“我记得！”我说，“可是你这些年在哪里呀？”

“在美国，最近暑假回来。”

那天早晨我忽然变得很混乱，一个人时而抛回三十年前，时而急急奔回现在。其实，我虽是“北一女”的校友，却只读过两年，因为父亲调职，举家南迁，便转学走了，以后再也没有遇见这批同学。忙碌的生涯，使我渐渐把她们忘记了。奇怪的是，电话一来，名字一经出口，记忆又复活了，所有的脸孔和声音都逼到眼前来。时间真是一件奇妙的东西，像火车，可以向前开，也可沿着轨道倒车回去；而记忆像呼吸，吞吐之间竟连自己也不自觉。

终于约定周末下午到南京东路去喝咖啡，算是同学会。我兴奋万分地等待那一天，那一天终于来了。

走进预订的房间，第一个看到的是坐在首席的理化老师，她教我们那年师大毕业不久，短发、浓眉大眼、尖下巴，声音温柔，我们立刻都爱上她了，没想到三十年后她仍然那样娴雅端丽。和老师同样显眼的是罗，她是班上的美人，至今仍保持四十五公斤的体重。记得那时候，我真觉得她是世间第一美女，医生的女儿，学钢琴，美目雪肤，只觉世上万千好事都集中在她身上了，大二就嫁给实业巨子的独养孙子，嫁妆车子一辆接一辆地走不完，全班女同学都是伴娘，席开流水……但现在看她，才知道在她仍然光艳灿烂的美丽背后，她也曾经结结实实地生活过。财富是有脚的，家势亦有起落，她让自己从公司里最小的职员干起，熟悉公司的每一部门业务，直到现在，她晚上还去修管理学分。我曾视之为公主为天仙的人，原来也是如此脚踏实地在生活着的啊。

“喂，你的头发有没有烫？”有一个人把箭头转到迟到的我身上。

“不用，我天生卷毛。”我一边说，一边为自己生平省下的烫发费用而得意。

“现在是好了。可是，从前，注册的时候，简直过不了关，训育组的老师以为我是趁着放假偷偷去烫过头，说也说不清，真是急得要哭。”

大家笑起来。咦？原来这件事过了三十年再拿来说，竟也是好笑好玩的了。可是当时除了含冤莫白急得要哭之外，竟毫无对策，那时会气老师、气自己、气父母遗传给了我一头怪发。

然后又谈各人的家人。李美津当年，人长得精瘦，调皮捣蛋不爱读书，如今却生了几个品学兼优的好孩子，做起富富态态的贤妻良母来了；魏当年画图画得好，可惜听爸爸的话去学了商，至今念念不忘美术。

“从前你们两个做墙报，一个写、一个画，弄到好晚也回不了家，我在旁边想帮忙，又帮不上。”

我怎么想不起来有这么一回事？

“语文老师常拿你的作文给全班传阅。”

奇怪，这件事我也不记得了。

记得的竟是一些暗暗的羡慕和嫉妒，例如施，她写了一篇《模特儿的独白》，让橱窗里的模特儿说话。又例如罗珞珈，她写小时候的四川，写“铜脸盆里诱人的兔肉”。我当时只觉得她们都是天纵之才。

话题又转到音乐，那真是我的暗疤啊。当时我们要唱八分之六的拍子，每次上课都要看谱试唱，那么简单的东西不会就是不会，上节课不会，下节课便得站着上，等会唱了，才可以坐下。可是，偏偏不会，就一直站着，自己觉得丢脸死了。

“我现在会了，1　23 12 32……”我一路唱下来，大家笑起来，“你们不要笑啊，我现在唱得轻松，那时候却一想到音乐课就心胆俱裂。每次罚站也是急得要哭……”

大家仍然笑。真的，原来事过三十年，什么都可以一笑了之。还有，其实理化老师也苦过一番，她教完我们不久就辞了职，嫁给一个医学生，住在酒泉街的陋巷里挨岁月。三十年过去了，医学生已成名医，分割连体婴便是老师丈夫主的刀。

体育课、童军课、大扫除都被当成津津有味的话题。“喂，你们还记不记得，腕骨有八块——叫作舟状、半月、三角、豆、大多棱、小多棱、头状、钩——我到现在也忘不了。”我说，看到她们错愕的表情，我受到鼓励，又继续挖下去，“还有语文老师，有一次她病了，我们大家去看她，她哭起来，说她宫外孕，动了手术，以后不能有小孩了，那时我们太小，只觉奇怪，没有小孩有什么好哭的呢？何况她平常又是那么要强的一个人。”

许多唏嘘，许多惊愕，许多甜沁沁的回顾，三十年已过，当时的嗔喜，当时的笑泪，当时的贪痴和悲智，此时只是咖啡杯面的一抹轻烟，所有的伤口都自然可以结疤，所有的果实都已含蕴成酒。

有人急着回家烧晚饭，我们匆匆散去。

原来，世事是可以在一回首之间成风成烟的，原来一切都可以在笑谈间作梦痕看的，那么，这世间还有什么不能宽心、不能放怀的呢?

没有痕迹的痕迹

车又“凝”在高架桥上了，这一次很惨，十五分钟，不动，等动了，又缓如蜗牛。

如果是有车祸，我想，那也罢了，如果没有车祸也这么挤车，想想，真为以后的日子愁死了。

“那么，难道你希望有车祸吗？你这只顾车速却不检讨居心的坏蛋！”我暗骂了自己一句。

“不要这样嘛，我又不会法术，难道我希望有车祸就真会发生车祸吗？”我分辩，“如果有车祸，那可是它自己发生的。”

“宅心仁厚最重要，你给我记住！”

车下了高架桥，我看到答案了，果真是车祸，发生在剑潭地段。一条斑马线，线旁停着肇事的大公车，主角看来只是小小一堆，用白布盖着，我的心陡地抽紧。

为什么街上的死人都一例要用白布盖上？大概是基于对路人

的仁慈吧！

而那一堆白色又是什么？不再有性别，不再有年龄，不再有职业，不再有智愚，不再有媸妍。死人的单位只是一“具”。

我连默默致意的时间也不多，后面的车子叭我，刚才的恶性等待使大家早失去了耐性。

第二天，车流通畅，又经过剑潭，我刻意慢下来，想看看昨天的现场。一切狼藉物当然早已清理好了，我仔细看去，只有柏油地上一摊比较深的痕迹——这就是人类生物性的留痕吧！当然是血，还有血里所包含的油脂、铁、钾、钠、磷……就只是这样吗？一抹深色痕迹，不知道的人怎知道那里就是某人的一生？

啊，我愿天下人都不要如此撞人致死，使人变成一抹痕迹，我也愿天下没有人被撞死，我不要任何人变成地上的暗迹。

更可哀的是，事情隔了个周末，我再走这条路，居然发现连那抹深痕也不见了。是尘沙磋磨？是烈日晒融了柏油？是大雨冲刷？总之，连那一抹深痕也不见了。

生命可以如此翻脸无情，我算是见识到了。

至今，我仍然不时在经过“那地点”的时候，望一望如今已没有痕迹的痕迹。也许，整个大地，都曾有古人某种方式的留痕——大屯山头可能某一猎人肚破肠流，号称“黑水沟”的海沟中可能曾有人留下一旋泡沫。

如此而已，那么，这世上，还真有一种东西叫作“可争之物”吗？

甘　醴

1

天寒地冻，大雪弥望。

我和朋友从日本北海道的札幌出发，要去一个名叫洞爷的湖区。一路上大巴士里面还算暖和，一下车，立刻就觉得自己要冻成一根用“急冻法”结冻的棒冰。于是很自然的，连想都不想，拔腿便向店家的大门冲去。

店家也好像早有先见，一见我们跌跌撞撞地奔进室内，立刻双手奉上一大杯热饮。我们正冻得浑身打战，一见了冒热气的东西，便急急接了，比接圣旨还恭敬。

喝下一大口，哇！怎么味道这么熟悉？再喝一口，答案出来了，是甜酒酿！奇怪，这甜酒酿原是吃惯的，怎么此刻喝来竟像琼浆玉液？在寒冻只合冬眠的此刻，一碗甘醴令人彻底醒了过来，活了过来，觉得人生还是值得熬下去的。

等喝到第三口，就开始有了美食家的鉴赏品味了。你会为那浓浊的白色而忘神，是牛乳的颜色呢！然而牛乳是孩童级的饮料，健康而纯洁。甘醴却是成年人的饮料，在纯洁馥郁中隐隐潜藏着堕落和沉沦，它是温柔的激动、甜蜜的辛辣、安谧的骚动、沉潜的疯狂。

啊，我多么希望手中的这只酒碗恰如北欧神话里那只暗通着海洋的酒盏，可以永汲不尽。

从来不好酒，但此刻，大雪千里，我是在雪中随时可以冻毙的旅人。然而，此处有一檐可以容我，有一碗酒可供我暖身，我不免贪起杯来，贪那严寒世界的一点温度，贪那一点芳馨，贪那超乎买卖双方商业关系之外的一缕体贴的善意。

《庄子》上说“君子之交淡若水，小人之交甘若醴”，我想，我愿意自己既是小人也是君子。我甚至希望我的朋友也如此。全然淡若水也不见得有意思，我喜欢有时候在滴水成冰的寒天里痛饮一碗滚烫的甘醴。

2

孩子小时候迷上一个问题，他喜欢问“最——。”例如：

“什么鱼最大？”

“什么鸟最小？”

但是当他问“什么东西最好吃？”的时候，我便答不上来了。对我而言最好吃的东西并不存在，存在的其实只是当时的一番情境。例如在蒙古牧民的帐篷里喝一碗待客的酸奶、在泰北山乡扒一碗用木桶蒸出来的柔韧的旱稻米饭、在阳光炙热的澎湖滨海小店里吃新鲜的海胆。或者，在严寒的北海道旅程中喝一碗甘醴。动人的其实是整个环境氛围，而不是那一小口味觉。

3

生命中一切的好也合该如此吧！“云在青天水在瓶”，好的不只是云，而是在青天之上的云；纯美的不只是水，而是在净瓶中的水。

但愿我也是一盏可以化解寒冻的甘醴，在千里雪原中酽然香暖。

我的幽光实验

闰三月，令人犹豫。恋旧的人叫它暮春，务实的人叫它初夏——我却趑趑趄趄，认为是春夏之交。

这一天，下午五点，我回到家。时令姑且算它是春夏之交，五点钟，薄暮毕竟仍悄悄掩至了。这一天，丈夫和女儿刚好都有事不回家吃晚饭。我开了门，一个人站在门前，啊！我等这一天好久了，趁他们不在，我打算来做我的“幽光实验”。

想做这个实验想了好一阵子，说起来，也不过发自一点小小的悲愿，事情是这样的：我反核，可是，我却用电。我反对我们的核能废料运到雅美人的碧波家园去掩埋，然而，我却每个月出钱给电力公司以间接支持他们的罪行，我为自己的伪善而负疚。不得已，只好以少用电来消孽。因此，在生活里，我慎重地拒绝了冷气。执教于公立学院，学校的预算比捉襟见肘的私立大学是阔多了，连工友室也装冷气，全校不装冷气的大概只剩我一个了。

每次别人惊讶问起的时候，我一概以“我不怕热”挡过去。后来，某次聊天，发现林正杰也不用冷气，不禁叹为知己。台北市的盛夏，用自己一身汗水去抗拒苦热，几乎接近悲壮。这期间，也无非想换个心安。“又反核四厂，又装冷气机”，对我而言，简直是基本上的文法不通，根本是说不出口的一句话。

除了冷气机不用之外，还能不能找个法子省更多的电呢？我问自己。

有的，我想，如果每一天晚一点才开灯的话。

听母亲说，外婆和曾外婆，她们虽然家境富裕，却都是在黄昏时摸黑做针线的。“她们的眼睛真好哩！摸黑缝出来的也是一手好针线呢！她们摸黑还能穿针，一穿就进。”

我遥想那属于她们的年代，觉得一针一线都如此历历分明。人类过其晨兴夜寐的岁月总也上万年了，电灯却是近百年来才有的事。油灯、蜡烛在当年恐怕都是能省则省的奢侈品。既然从太古到百年前，人类都可以生活得好好的，可见“电力”是个“没有也罢”的东西。

上帝造人，本是一件简单的生物：早晨起床，工作，晚上睡觉，睡觉前的时间可以摸黑做一些半要紧半不要紧的事，例如洗澡、看书、讲故事、作诗。

反正上帝他老人家该负全责的，白昼是他安排的，黑夜是他规划的。那么，在昼夜之间的夕暮，也该归他管才对。根据这样的逻辑演绎下来，人类的眼睛当然理该可以适应这时刻的光线。

不知从什么时候开始，人类变得像一个神经质的小孩，不能忍受一点点幽暗。一个都市人，如果清晨五点醒来，连想都不用想，他的第一个本能大概就是急急按下电灯开关，让屋子大放光明。他已经完全不能了解，一个人其实也可以静静地坐在黎明前的幽光里体会时间进行的感觉。那时刻，仿佛宇宙间有一把巨大的天平，我在天平此端，幽光，在彼端。我与幽光对坐，并且感知那种神秘无边的力量。方其时，人，仿佛置身密林，仿佛沉浮于深泽大沼，仿佛穴居野处的上古，仿佛胎儿犹在母体，又仿佛《易经》乾卦里的那只“潜龙”正沉潜某处，尚未用世。方其时，“天地玄黄，宇宙洪荒”，——这是《千字文》的句子，古代小孩启蒙时要念的第一篇，是幼童蒙昧的声音在念宇宙蒙昧期的画面——一切还停顿在《圣经·创世记》的首章首句：

“起初，神创造天地。地是空虚混沌，渊面黑暗……”

坐在这样黎明前的幽光里，何须什么飞利浦牌或旭光牌的电灯来打扰。此时此刻，那曾经身处幽潜的地球和曾经结胎于幽潜子宫中的我，一起回到暖暖幽光中，一起重温我们的上古史。当此之际，我与大化之间，心会神通，了无窒碍。此刻，灯光，除了是罪恶，还会是什么呢？

黄昏，是另一段幽光时分。现代人对付黄昏的好办法无他，也是立刻开灯。不错，立刻开灯的结果是立刻光明，但我们也立刻失去自己和天象之间安详徐舒的调适关系。

现代的人类如此骄纵自己，夏天不容自己受热，冬天不容自己受冷，黄昏后又不容自己稍稍受一点黑。

然而，此刻是下午五时，我要来做个实验。今晚，我来试试不开灯，让我来验证“黄昏美学”，让我体会一下祖母时代的生活步调，我就不信那样的日子是不能。

记得十多年前，有一次为了报道兰屿的兰恩幼稚园，带着个摄影家去那里住过一阵子。简单的岛，简单的海，简单的日出日落。没有电，日子照过。黎明四五点，昊昊天光就来喊你，嗓音亮烈，由不得你不起床。黑夜，全岛漆黑，唯星星如凿在天壁上的小孔，透下神界的光芒。

在岛上，黄昏没有人掌灯。

及夜，幼稚园里有一盏气灯，远近的孩子把这里当阅览室，在灯下做功课。

而此刻，在台北，我打算做一次小小的叛逆，告别一下电灯文明。

天不算太黑，也许我该去煮饭，但此刻拿来煮饭太可惜，走廊上光线还亮，先看点书吧。小字看来伤眼，找本线装的来看好了。那些字个个长得大手大脚的，像庄稼汉，很老实可信赖的样子。而且，我也跟它们熟了，一望便知，不须细辨。在北廊，当着一棵栗子树，两钵鸟巢蕨和五篮翠玲珑，我读起陶诗来——“……斯晨斯夕，言息其庐。花药分列，林竹翳如。清琴横床，浊酒半壶。黄唐莫逮，慨独在余。”

哇！不得了，人大概不可有预设立场，一有立场，读什么都好像来呼应我一般。原来这陶渊明也注意到“林竹翳如”之美了，要是碰到今人拍外景，就算拍竹林，大概也要打上强光，才肯开镜吧！

没读几首诗，天色更“翳如”了，不开灯，才能细细感觉出天体运行的韵律，才能揣摩所谓“寸阴”是怎么分分寸寸在挪移在推演的。

一日的时光其实是一段完美具足的生命，每一刹那都自有其美丽。然而，强灯夺走了暮色，那沉潜安静的时分，那鸟归巢兽返穴的庄严行列，在今天这个时代，全都遭人注销，化为明灿的森严的厉光。

只因我们不肯看暮色吗？

天更暗，书已看不下去，便去为植物浇水。

我因刚读了几行诗，便对走廊上的众绿族说：“哎，你们也请喝点水，我们各取所需吧！”

接下来，我去煮饺子。厨房靠南侧，光线很好，六点了，不开灯还不成问题，何况有瓦斯炉的蓝焰。饺子煮好，浇好作料，仍然端到前面北廊去吃。天愈来愈暗，但吃起饺子来也没什么不便。反正一个个夹起塞进嘴巴，也不需仔细的视觉。我想从前古人狩猎归来，守着一堆火，把兔肉烤好，当时洞穴里不管多黑，单凭嗅觉，任何人也能把兔子腿正确地放进嘴里去的。今人食牛排仍喜欢守着烛光，想来也是借一点怀古的心情。

饺子吃罢，又剥了一个葡萄柚来吃，很好，一点困难也没有。我想，人类跟食物的关系是太密切了，密切到不需借助什么视觉了。

饭后原可去放点录音带来听，但开录音机又要用电，我想想，不如自己来弹钢琴，反正家里没人，而我对自己一向又采高度容忍政策。

钢琴弹得不好，但不需看谱。暮霭虽沉沉，白键却井然，如南方夏夜的一树玉兰，一瓣瓣馥白都是待启的梦。

琴虽弹得烂，但键音本身至少是琤琮可听的。

起来，在客厅里做两下运动，没有师承，没有章法，自己胡乱伸伸腿，扭扭腰，黑暗中对自身和自身的律动反觉踏实真切，于是对物也觉有亲了。楼下传来花香，我知道是那株二人高的万年青开了花。花不好看，但香起来一条巷子都为之惊动，只有热带植物才会香得如此离谱。嗅觉自有另一个世界，跟眼睛的世界完全不同，此刻我真愿自己是一只小虫，凭着无误的嗅觉，投奔那香味华丽的夜之花。

我的手臂划过夜色，如同泅者，泅过黑水沟，那深暗的洋流。我弯下腰去，用手指触摸脚尖，宇宙漠然，天地无情，唯我的脚趾尖感知手指尖的一触。不需华灯，不需明目，我感受到全人类的智慧也不能代替我去感知的简单触觉。

闻着楼下的花，我忽然想起自己手种的那几丛茉莉花来，于是爬上顶楼，昏暗中闻两下也就可以“闻香辨位”了，何况白色十分奇特，几乎带点荧光。暗夜中，仿佛有把尖锐的小旋刀，一旋便凿出一个白色的小坑。那凿坑的位置便是小白花从黑夜收回的失土，那小坑竟终能保持它自己的白。

原来每朵小白花都是白昼的遗民，坚持着前朝的颜色。

我把那些小花摘来放在我的案头，它们就一径香在那里。

我原以为天色会愈来愈暗，岂料不然。楼下即有路灯，我无须凿壁而清光自来。但行路却须稍稍当心，如果做“幽光实验”，弄得磕磕碰碰的，岂不功亏一篑？好在是自己的家，什么地方有什么东西，大致心里是知道的。

决定去洗澡，在幽暗中洗澡自可不关窗，不闭户，凉风穿牖，莲蓬头里涌出细密的水丝。普通话叫“莲蓬头”，粤语叫“花洒”，两个词眼都用得好。在香港冲凉（大概由于地处热带，广东人只会说“冲凉”，他们甚至可以说出“你去放热水好让我冲凉”的怪话来），我会自觉是一株给“花洒”浇透了的花。在台湾沐浴，我觉得自己是瑶池仙童，手握一柄神奇的“莲蓬”。

不知别人觉得人生最舒爽的刹那是什么时候，对我而言，是浴罢。沐浴近乎宗教，令人感觉尊重而自在。孔子请弟子各言其志，那叫点的学生竟说出“浴乎沂，风乎舞雩”的句子。耶稣受洗约旦河，待他自河中走上河岸，天地为之动容。经典上记录那一刹那谓“当时圣灵降其身，恍若鸽子”。伊斯兰教徒对沐浴，更视为无上圣事。印度教徒就更不必提了。

而我只是凡世一女子，浴罢静坐室中，虽非宗教教主，亦自雍容。把近日偶尔看到想起之事，一一重咀再嚼一遍。譬如说，因为答应编译馆要为他们编高中的诗选，选了一首王国维的《浣溪沙》，把那三句“试上高峰窥皓月，偶开天眼觑红尘。可怜身是眼中人”细细揣想，不禁要流泪。想大观园里的黛玉，因一句“如花美眷，似水流年”便痛彻心扉。人世间事大抵如此；人和人可以同处一室而水火不容，却又偶尔能与千年百年前的人相契于心，甚至将那人深贮在内心的泪泉从自己的目眶中流了出来。

黑暗中，我枯坐，静静地想着那谜一般的王国维，他为什么要投昆明湖呢？今年二月，我去昆明湖，湖极大，结了冰，仿佛冰原。有人推着小雪橇载人在冰上跑。冰上尖风如刀，我望着厚实的大湖，一径想："他为什么要去死呢？他为什么要去死呢？人要有多大的勇气才会去死呢？"

恍惚之间，也仿闻王国维讷讷自语："他们为什么要活着呢？他们得要有多大的耐心才能活下去呢？——在这庸俗崩解的时代。"

而思索是不需灯光的，我在幽光中坐着，像古代女子梳她们及地的乌丝，我梳理我内心的喜悦和恻痛。

我去泡茶，两边瓦斯口如同万年前的两堆篝火，一边供我烤焙茶叶，一边烧水。水开了，茶叶也焙香了。泡茶这事做起来稍微困难一点，因为要冲水入壶。好在我的茶壶不算太小，腹部的直径有十五公分，我惯于用七分乌龙加三分水仙，连泡五泡，把茶汤集中到另外一只壶里，拿到客厅慢慢啜饮。

我喝的茶大多便宜，但身为茶叶该有的清香还是有的，喝茶令人顿觉幸福，觉得上接五千年来的品位（穿丝的时候也是，丝织品触擦皮肤的时候令人意会到一种受骄纵的感觉，似乎嫘祖仍站在桑树下，用慈爱鼓励的眼神要我们把丝衣穿上），茶怎能如此好喝？它怎能在柔粹中亮烈，且能在枯寂处甘润，它像撒豆成兵的魔法，它在五分钟之内便可令一山茶树复活，茶香洌处，依然云缭雾绕，触目生翠。

有人喝茶时会闭目凝神，以便从茶叶的色相中逃离，好专心一意品尝那一点远馨。今晚，我因独坐幽冥，不用闭目而心神自然凝注，茶香也就如久经禁锢的精灵，忽然在魔法乍解之际，纷纷逸出。

电话铃响了，我去接。

曾有一位日本妇人告诉我，在日本，形容女人间闲话家常为“在井旁，边洗衣服边谈的话”，我觉得那句话讲得真好。

我和我的女伴没有井，我们在电话线上相逢，电话就算我们的井栏吧。她常用一只手为儿子摩背，另一只手拿着电话和我聊到深夜。

我坐在十五年前买的一把“本土藤椅”里，椅子有个名字叫“虎耳椅”，有着非常舒服的弧度，可惜这椅子现在已经买不到了。

适应黑暗以后，眼睛可以看到榉木地板上闪着柔和的反光。我和我的女伴有一搭没一搭地聊着，我为什么要开灯呢？完全没有这个必要啊！摸黑说话别有一种祥谧的安全感。祈祷者每每喜欢闭目，接吻的人亦然，不用灯不用光的世界自有它无可代替的深沉和绝美。我想聊天最好的境界应该是：星空下，两个垂钓的人彼此坐得不远不近，想起来，就说一句，不说的时候，其实也在说，而横亘在他们之间的，是温柔无边的黑暗。

丈夫忽然开门归来："哎呀！你怎么不开灯？"

"啪"的一声，他开了灯，时间是九点半。我自觉像一尾鱼，在山岩洞穴的无光处生存了四个半小时（据说那种鱼为了调适自己配合环境，全身近乎透明）。我很快乐，我的"幽光实验"进行顺利，黑暗原来是如此柔和润泽且丰沛磅礴的。我想我该把整个生活的调子再想一想，再调一调。也许，我虽然多年身陷都市的战壕，却仍能找回归路。

后记：整个"幽光实验"其实都进行顺利，只是第二天清晨上阳台，一看，发现茉莉花还是漏摘了三朵，那三朵躲在叶子背后，算是我输给夜色的三枚棋子。

待　理

我梦见我在整理东西，并且在屋子里摸摸索索地走来走去。整东西倒不奇怪，我这半生都在整理东西，并且一直也没整理好。其中大而言之，是想整理自己，自己的所爱所憎所欲所求所歌所哭；小而言之，是想整理好桌上的信件、柜中的资料、黄昏时从斜阳里收回来的衣服，或者一阵雨后满阳台的落叶。

我一直都在整理，并且一直也没整理好，例如一颗女儿小时落下的乳牙，我每次把它从桌上拿起来，迟疑许久，想用资料分类法的观念把它放入什么地方去，可是，女儿是我的骨肉，乳牙是她的骨肉，对于骨肉的骨肉，我偏着头呆想，不知哪一种档案里可以容它。于是，我又把它放回桌上，我的桌子至今仍是“待整理”状态，人世间原有太多归不了档的东西。

而在梦中，我忽然翻出了一件大东西，我费力地辨认那东西，发现是一个人体！我再仔细看，原来是死去许久的人体，干而脆，并且极轻，摸起来像陈年的旧灯笼，内层是支离破碎的竹篾，外层是剥落的薄纸，我追根究底地又看了一遍，才有一个惊人的大发现，那不是别人，它正是我自己，梦里的我不免纳闷道：

“奇怪，原来我死了，怎么都没有人来告诉我一声？”

我忽然决定要去埋她，这一次决定做得干脆利落，与我平时整理杂物的作风完全不同。

然后，我醒了并且听到四月清晨雀鸟的碎语，我忽然不知道该怎么整理这段梦。不是前天梦中还傻里傻气为了答不出考卷上的问题而急得自以为仍是“考试如天大”的十六岁小女孩吗？怎么忽然之间又把回望的头向前看，并且看到了死亡？更奇怪的是居然我已成灰成尘，仿佛死在古代的汉墓或大漠沙冢中的女子，难道梦中的我是千年后的我，偶发清兴，又来这世上整理旧档案吗？

一向被朋友看作积极乐观，其实就我自己而言，我只承认“贪心”，像抓住满把糖果舍不得放手的小孩，既枕烟雨，又爱晴岚；既仰古松千丈，复不免栈栈于匍伏在阴湿处的小苍苔。然而，我之所以贪惜，之所以疼热，恐怕都是由于深知这一切皆是稍纵即逝。那些秉烛夜游的人，那些皓首穷经的人，那些餐霞饮露以修道的人，其基本背景恐怕皆是由于感知生命的大悲凉与大怆痛吧！

今年春天，我对友人说：

“我相信爱情，不相信生命，虽然前者也脆弱。”

生命是一项随时可以中止的契约，爱情在最酽美的时候，却可以跨越生死。

推醒身边那人，我絮絮地说着自己的梦，他听完了，忽然拥住我，答非所问地说：

“谢谢！谢谢你！”

“谢？谢什么？”

“谢谢你仍然活着，并且在我身边。”

我一时语哽，忽然，我发觉了更多有待整理的纷杂，只是，我真的要整理它吗？

回到家里

去年暑假，我不解事的小妹妹曾悄悄地问起母亲：

“那个小姐姐，她怎么还不回她台北的家呢？”

原来她把我当成客人了，以为我的家在台北。这也难怪，我离家读大学的时候，她才三岁，大概这种年龄的孩子，对于一个每年只在寒暑假才回来的人，难免要产生“客人”的错觉吧！

这次，我又回来了，回来享受主人的权利，外加客人的尊敬。

三轮车在月光下慢慢地踏着，我也无意催他。在台北想找一个有如此雅兴的车夫，倒也不容易呢。我悠闲地坐在许多件行李中间，望着星空，望着远处的灯光，望着朦胧的夜景，感到一种近乎出世的快乐。

车子行在空旷的柏油路上，月光下那马路显得比平常宽了一倍。浓郁的稻香飘荡着，那醇厚的香气，就像有固着性似的，即使面对着一辆开过来的车子，也不会退却的。

风，有意无意地吹着。忽然，我感到某种极轻柔的东西吹落在我的颈项上，原来是一朵花儿。我认得它，这是从凤凰木上落下来的，那鲜红的花瓣，让人觉得任何树只要拼出血液来凝成这样一点的红色，便足以心力交瘁而死去了。当我猛然抬首的当儿，却发现每棵树上竟都聚攒着千千万万片的花瓣，在月下闪着璀璨的光与色，这种气派绝不是人间的！我不禁痴痴地望着它们，夜风里不少花瓣都辞枝而落，于是，在我归去的路上便铺上一层豪华美丽的红色地毯了。

车子在一家长着大椿树的院落前面停了下来，我递给他十元，他只找了我五元就想走了；我不说什么，依旧站着不动，于是他又找了我一块钱，我才提着旅行袋走回去。我怎么会上当呢？这是我的家啊！

出来开门的是大妹，她正为大学联考在夜读，其余的人都睡了。我悄悄走入寝室，老三醒了，揉揉眼睛，说："呀，好漂亮！"便又迷迷糊糊地入梦了。我漂亮吗？我想这到底是回家了，只有在家里，每个人才都是漂亮的，没有一个妹妹会认为自己的姐姐丑。我有一个朋友，她的妹妹竭力怂动她，想让她去参加选美呢！

第二天我一醒来，柚子树的影子便在纱窗上跳动了，柚子树是我十分喜欢的，即使在不开花的时候，它也散布着一种清洁而芳香的气味。我推枕而起，看到柚子树上居然垂满了新结的柚子，那果实带着一身碧绿，藏在和它同色的叶子里。多么可佩的态度，当它还没有成熟的时候，它便谦逊地隐藏着，一直到它个体庞大了，果汁充盈了，才肯着上金色的衣服，把自己呈献出来。

这时，我忽然听到母亲的声音，她说：

“你去看看，是谁回来了。”

于是门开了，小妹妹跳了进来。

“啊，小姐姐，小姐姐！”她的小手便开始来拉我了，“起来吃早饭，我的凳子给你坐。”

“坐我的凳子，小姐姐！”不知什么时候，弟弟也来了，我原想多躺一会儿的，实在拗不过他们，只好坐了起来。

“谁要我坐他的凳子，就得给我一毛钱。”我说。

“我有一毛，你坐我的。”弟弟很兴奋地叫起来。

“等一下我有五毛了，你先坐我的，一会儿就给你。”

我奇怪这两个常在学校里因为成绩优异而得奖的孩子，今天竟连这个问题也搞不清楚了。天下哪有坐别人座位还要收费的道理？也许因为这是家吧，在家里，许多事和世界上的真理是不大相同的。

刚吃完饭，一部脚踏车倏然停在门前，立刻，地板上便响起一阵赛跑的脚步声。

“这是干什么的？”没有一个人理我，大家都向那个人跑去了。

于是我看到一马当先的小妹妹从那人手里夺过一份报纸，很得意地回来了，其余的人没有抢到，只好做退一步的要求：

“你看完给我吧！”

“再下来就是我。”

“然后是我。”

乱嚷了一阵，他们都回来了，小妹妹很神秘地走进来，一把将报纸塞在我手里。

“给你看，小姐姐。”

我很感动地望着她，原来她拼命似的去抢报，就是为我啊！以后每天，我便常常享受躺在床上看报的福气。一天早上，她又来了。在我耳旁说着“报纸”。我说：“你拿来吧！”她果真去拿了一包东西放在我枕旁，我坐起来，发现什么报纸也没有。

“你说的报纸呢？”

“我没有说报纸啊！”

“你说了的！”

“我不知道，没有报纸啊！”她傻傻地望着我。

“你刚才到底说什么？”

“那包‘挤’。”她用一根肥肥的指头指着我枕旁的纸包，我打开来一看，是个热腾腾的包子。原来她把“子”说成“挤”了，要是在学校里，老师准会骂她的，但这里是家，她便没有受磨难的必要了，家里每一个人都原谅她，认为等她长大了，牙齿长好了，自然会说清楚的。

我们家里常有许多小客人，这或许是因为我们客厅中没有什么高级装潢的缘故。我们既没有什么古瓶、宫灯或是地毯之类的饰物，当然也就不在乎孩子们近乎野蛮的游戏了，假如别人家里是“高朋满座”的话，我们家里应该是“小朋满座”了。这些小孩每次看到我，总显得有几分畏惧，每当这种时候，我常想，我几乎等于一个客人了，但好心的弟弟每次总能替我解围。

“不要怕，她是我姐姐。”

“她是干什么的？”

“她上学，在台北，是上大学呢！”

“这样大还得上学吗？”

“你这人，”弟弟瞪了他两眼，“大学就是给大孩子上的，你知不知道，大学，你要晓得，那是大学，台北的大学。”

弟弟妹妹多，玩起游戏来是比较容易的。一天，我从客厅里走过，他们正在玩着“扮假家”的游戏。他们各人有一个家，家中各有几个洋娃娃充作孩子，弟弟扮一个医生，面前放着许多瓶瓶罐罐，聊以点缀他寂寞的门庭。我走过的时候他竭力叫住我，请我去看病。

“我没病！”说完我赶快跑了。

于是他又托腮长坐，当他一眼看到老三经过的时候，便跳上前去，一把捉住她。

“来，来，快来看病，今天半价。”

老三当然拼命挣扎，但不知从哪里钻出许多小鬼头，合力拉她，最后这健康的病人，终于坐在那个假医生的诊所里了，看她那一脸愁容，倒像是真的病了呢。做医生的用两条穿好的橡皮筋，绑着一个酱油瓶盖，算是听诊器，然后又装模作样地摸了脉，便断定该打盐水针。所谓盐水针，上端是一个高高悬着的水瓶，插了一根空心的塑胶线，下面垂着一枚亮晶晶的大钉子，居然也能把水引出来。他的钉尖刚触到病人的胳臂，她就大声呼号起来，我以为是戳痛了，连忙跑去抢救，却听到她断断续续地说：

“不行，不行，呀，痒死我了。”

打完了针，医生又给她配了一服药，那药原来是一把拌了糖的番石榴片。世界上有这样可爱的药吗？我独自在外的时候，每次病了，总要吃些像毒物一样可怕的药。哦，若是在那时能有这样可爱的医生伴着我，我想，不用打针或吃番石榴片，我的病也会痊愈的。

回家以后，生活极其悠闲，除了读书睡觉外，便是在庭中散步。庭院中有好几棵树，其中最可爱的便是芒果树，这是一种不以色取胜的水果，我喜欢它那种极香的气味。

住在宿舍的时候，每次在长廊上读书，往往看到后山上鲜红的莲雾。有一次，曹说：“为什么那棵树不生得近一点呢？”事实上，生得近也不行啊，那是属于别人的东西；如果想吃，除了付钱就没有别的法子了。这个世界有太多的法律条文，把所有权划分得清楚极了，谁也不能碰谁的东西，只有在家里，在自己的家里，我才可以任意摘取，不会有人责备我的，我是个主人啊！

回家以后唯一遗憾的，是失去了许多谈得来的朋友，以前我们常在晚餐后促膝谈心的。那时我们的寝室里经常充满了笑声，我常喜欢称她们为我“亲爱的室民”，而如今，我所统治的“满室的快乐”都暂时分散了。前天，我为丹寄去一盒芒果，让她也能分享我家居的幸福。家，实在太像一只朴实无华而又饱含着甜汁的芒果呢！

我在等，我想不久她的回信就会来的，她必会告诉我，她家中许多平凡而又动人的故事。我真的这样相信：每个人，当他回到自己家里的时候，一定会为甜蜜和幸福所包围的。

我会念咒

1

我会念咒，只会一句。

我原来也不知道，是偶然发现的。一向，咒语都是由谁来念诵呢？故事里是由巫婆或道士来念，他们有时是天生就会，有时是跟人学来的，咒语多半繁难冗长，令人望而生畏。

我会咒语而竟不自知，想来是自己天生会的。

我会的那句咒语很简单，总共只有四个字，连小孩都能立刻学会，那四个字是：

“我好快乐！”

如果翻成英文，也是四个字：“I am so happy！”

2

这样的咒语虽不能让撒出手的豆子变成兵，让纸剪的马儿真的可骑可乘可供驱驰，让钵子里的钱永远掏用不完，或让别人水果摊上的水梨都长到我的树枝上来供我之用。

可是，它却有茅山道士的大法力，它可以助我穿墙。什么墙？砖墙？水泥墙？铜墙？铁壁？都不是，而是悲伤之墙，是倦怠之墙，是愤懑怨怒之墙，是遭到割伤烫伤斫伤泼伤之际的自伤之墙，是心灰意冷情催泪尽的沮丧之墙，是自认为我已心竭力怯万劫不复的绝望之墙……

3

大约是两年前吧。有一天，奔波了一整天，到黄昏时才回家，把车在巷子里停好，车窗尚未关上，我不自觉地大叹了一声："啊！我好快乐！"

当时车停在公园旁，隔着矮矮的灌木丛，有一个背对我垂头而坐的男人听到我说话，他猛地坐直身子回望我一眼，我这才发现半米之外有人听到我最幽微的内心语言。那一眼令我难忘，隔着打开的车窗，我看到那其中有惊吓，在这都市里怎会有一个女人在做如此诡异的宣告？也许也有愤怒，世道如今都成了什么样子了，你还有本事快乐！也许有不可置信，什么？快乐这种东西还存在着吗？也许是悲悯，这女子难道疯了吗？

我当时有点惭愧，然后，我发觉，我爱念这句咒语已经很久了，平常没有人听见，我也不自觉，今天被人发现又被人回头看了一眼，才觉得这句话真有点怪异。

那老男人站起来，在暮色中踽踽离去了。他是被吓到了吗？

4

其实，我很想追上那人，对他说：

老先生，你刚才听到我说的那句话，既是真的，也是掰的。我其实大病初愈，身心俱疲。我其实忧时忧世不认为这粒地球有什么光明的前途。我事实上一想及那些优美深沉馥郁绵亘的传统正遭人像处理病死猪一般泼毒且掩埋，就恨不得放声恸哭，与人一决……但此刻，我奔波了一天，不管我所恳求的、所呼吁的、所叮嘱的、所反复申诉的被接受了或被拒绝了，上帝啊，毕竟我已尽力了。天黑了，我回家了，我如此渺小，赐我今夕热食热汤，赐我清爽的沐浴，赐我一枕酣睡。

为此，我好快乐。

能尽心竭力，我好快乐。

能为心爱的道统传承来辛苦或受辱，这并不是每一个人可享有的权利，所以，我好快乐。

如果我悲苦，那也是上天看得起我，容许我忍此悲辛荼苦，我为配忍此苦楚而要说一句：

我好快乐。

我好快乐，因为我能说“我好快乐”，这是我的快乐咒，其言有大法力，助我穿墙直行，披靡天涯，虽然也许早已撞得鼻青脸肿，而不自知。

食　堂

有一次，朋友们群聚并“各言尔志”，其中有一位说的我至今记得。他说：“要是我有钱，我想开一家‘食堂’，不是‘餐厅’，就是那种简单的可以吃饭的食堂。”

他说时，眼底流动着施舍者的大度与祥和，世间果有神明，也要为这一刹那的表情震颤。

事隔四年，我有一天在南部某医院的饮食部用餐，觉得这情境和那位朋友说的很接近，不禁呆了。

来客多是老人，他们来吃饭，动机很简单——就是为吃饭，不为应酬，不为交谊，就只为肚子饿了，要吃饭。他们和食物之间因而有一种单纯干净的关系，这种简单明了的吃饭动作不知为什么令我感动，这动作神圣庄严有如亘古以来的宗教仪式。

来人衣着都简单朴实，他们的面容肃穆清寂。那样的面容仿佛让人以为他们刚从什么灾劫危厄中走出来。什么灾？也许是水涝，也许是苦旱，谁知道呢？五千年那么长，什么灾没发生过？他们身上有种“一无所有”的气质（其实，也许他们已薄有资财），而因为“一无所有”，面前守着的那一碗饭、一盘菜也就益发成为此刻生命中的“唯一”。

天地间这唯一的一人，守着那唯一的饭菜，寂然垂目，默然咀嚼，真有宇宙洪荒的节奏。

——而因为有了年纪，他们咀嚼的动作也比较和缓，上下腭之间不像“司机餐厅”里可以看见的那种年轻人大开大阖，滋咂有声的嚼法。他们像蚕，不带表情，也没有太大的声音。他们吃饭仿佛也在尽某种神圣天职，所以面目凝重。只是仔细看去，也不乏执行业务者那种暗暗的怡悦和自庄。

餐厅中除了老人，看来还有些是母亲孩子的组合，奇怪的是他们也不怎么说话，可是当你看到母亲夹起一块鱼腹肉放在孩子饭上的时候，又觉得语言其实也蛮多余的。

有人猛加一勺酱油，有人狠舀一匙辣椒，有人耐心在汤里打捞豆腐……小小的无伤的贪婪，不知为什么让我想起“众生”那两个字。

能办一所食堂想必是很有意思的事，真的。

希望我那位朋友的美梦成真，毕竟办一所好食堂比开张一家豪华法式餐厅更有道理。

肆·人间值得

我觉得，是山救了我，
山把它自己的美，
凝聚成一枚小小的柿子，
藏身在我家客厅里，
成了我的秘密保镖，
在我和世局相争快要不支的时候，
它用它的雅美芳醇救了我。

近　水

“远水救不了近火”，所以我们需要近水。

可是，等等，我并没有失火啊！干吗要那近水呢？

哎，其实你不知道，我失火了，我的朋友也失火了，我们市民全都失火了，我们是二级灼伤的病患。

什么火烧了我们呢？欲望之火、贪婪之火、愤怒之火、嫉恨之火（包括正面的嫉恶和负面的嫉才）……照五行之说，我们都是命里缺水之人。老一辈的人，你只要看一眼他的名字，就知道他缺不缺水。

缺了水，怎么办呢？我的对策是时不时地要去朝山谒水一番。像古时候的帝王，要从西部的长安远赴山东泰山去封禅，一路走到渤海、黄海一带（也就是黄河的入海口，横傲的秦始皇也许就是因东海岸的泰山之行害他死掉的），其虔诚之情绝不下于伊斯兰教徒之朝圣麦加。

“人往高处爬”？不对，人类真正的愿望是去就水，低低的水。古帝王如此，小市民也如此。梅尔维尔的《白鲸》一开头便说：

假设你是在乡下，在某些有湖泊的高地上。随你高兴走哪一条路，十次有九次循着这条路会走下一个溪谷，在溪流的积水潭畔。此中有不可思议的魔力。让心神最恍惚的人沉于最深的梦想里——只要你叫一个人站直，信步而行，他就会绝对无误地把你带到水滨，只要整个地区里是有水的。

对于水，我们有本能的依恋。不必羞愧，对着水，我们是长不大的胎儿，我们需要安舒的羊水来包覆。

台湾是个海岛，麻烦的是它偏偏又是个大岛，所以住在台北市简直会忘记我们周边还有太平洋或台湾海峡。太平洋对花莲市民或许有意义，住在台北市，我却急需要找更近的水。更近的水在哪里？北海岸吗？不行，就算你有最便捷的交通工具，到达北海岸也要八十分钟。

所以，我渴于在市中心找一处净水，作为我心灵的依傍。加拿大的露意湖极渊静，极鲜澄，配上雪峰更令人屏息，但却是远水。云梦大泽，只要一想到这个名字，想到两千年前几万平方公里的大沼泽，想到兰馥桂馨、白鹤横空，也令人凛然生敬，但它们却因环境问题而枯尽水草成为无趣的干地了。日月潭或石门水库也不错吧！但仍然嫌远。我真正能随时去亲炙的是南海路植物园里的荷花池。

荷花池小到不行，只配做私人庭园中的小景，但毕竟也是水，有荷香成阵，也有水鸟悠游，也有潾潾之波、娟娟之影，也能令人浑然忘忧。

池中心有小洲，洲上众芳葳蕤，令人神驰。看着那片小洲，我会兴起两个联想，其一是“关关雎鸠，在河之洲”，那是《诗经》的首句。只见宇宙洪荒中有一条河，汩汩而流，小小的水鸟在河上沙洲安身立命，嘤嘤求偶，诗情就从这里生发。其二是令我想起远方的美丽女子戴安娜的埋香之处，也是一块湖中小渚，绿荫合抱中，再没有跟踪的摄像机了。戴安娜虽不是什么嘉言懿行的

典范，却也是令人怜之爱之的绝代美女，我思其人，不觉惘然。想起莎士比亚赞美埃及妖后之美，谓：

就算是缺点，只要是在她身上，也是美的。就算她淫荡，那（神圣的）祭司仍会为她祝福。

倾国与倾城，佳人难再，佳人如今何在？在英国某一湖泊中的小洲渚上。美是如此脆弱，又如此顽强，十年过去，我仍记得她的美，她却已化作枯骨，这样美的女人，她曾珍惜自己吗？她能逃离“怨憎每相聚”“相爱常诀别”的人世咒诅吗？

到了水边，无论智愚，都多多少少会想些事情。我喜欢水，我喜欢这城市中的一方静水，我喜欢荷花池畔的自己。

我是拥有一枚柿子的柿长

你决定做个“强人”或“女强人”吗？我没有。虽然，另一方面，我倒也并没有决定做个“弱人”。

既然不打算做强人，大概就已经放弃了“主动攻击”的生存架势，于是，很快地，便发现自己已沦落为“招架者”了。但招架又谈何容易，至少也要招得住才行啊！也要抵抗得有模有样才像话啊！否则一旦溃不成军，就混不下去了。

记得《天龙八部》里的段誉吗？他对武功一窍不通，却经过特别管道，学会了如何游走闪避。大凡一般武林高手行走江湖之际，都难免带伤挂彩，可是，如果一旦知道如何走避，则终身安吉。

不要告诉我逃避是“阿Q精神”，我就是靠这种种“抵御外侮”的伎俩，才安然无恙活到今天的，以下且公布一招半式，以供同道参考：

话说我家门口有个小公园，里面有几棵榕树、几把椅子、一座滑梯，虽不怎么像样，勉强也算有几片绿叶可瞧。不料一逢选举，简直成了灾祸之源，尤其是 ×× 党的，每次政见发表总要从六点闹到十一点，尽管台下只小猫三两只，他们仍靠着现代科技，声动数条街。我把门窗严闭，播放自己的音乐，仍抵挡不住。后来只好强自镇定，正襟危坐。不幸自己的浩然之气并未养足，挡不住魔音来入耳。不料，正当此际，我忽然发现了一枚柿子。那柿子我放客厅也有十天了，说起这柿子，也是有来历的。那是个假日，朋友开车带我去北埔玩，北埔在竹东，是个客家乡。朋友画画，因而和那里做画框的畲先生熟，便相约去他家采柑子，中午吃“放山鸡”煨煮的四神甜汤。我比较没出息，偏偏爱上他们的旱稻米，抱了二十斤回台北，卖米的是畲先生的亲戚，他说：

“从台北来这里买米？我没见过！”

那天带回来的东西里，我最喜欢的是二枚柿子，那柿子长在山径旁的树上，是硕果仅存的两枚。畲先生听我赞叹，便猴子一般猱升而上为我采下。我真是乐歪了，市面上虽然也卖那一百元一粒的日本箱根柿子，但怎敌这枚朋友的朋友为我采下的枝头柿子。柿子采回来，连着干，斜插在客厅的一只绿釉老瓮里，显得红艳欲滴。每次出出入入只见一团喜气盈眉逼眼而来。

被音量袭击的那个晚上，柿子成了我的救生浮板，我虔诚地面柿而坐，对它的美致敬。然后，诚心诚意，一点点撕下它的薄皮，柿肉绵软甜润，一口咬下去，整个客家乡的美丽山容都重现了。

附带重现的是那些人、那些树、那些如灯笼的垂垂白柚，以及芳香袭人的野橘酱。

我因一枚完美的柿子而感恩、而爱上整个岛，爱上整个人群。我因拥有一枚山野采来的柿子而自认是个幸福的人。

靠着这份幸福感，我逃开了那夜声浪的迫害，重新捡回半条性命，重新和这个扰攘的尘世打成平手。

我觉得，是山救了我，山把它自己的美，凝聚成一枚小小的柿子，藏身在我家客厅里，成了我的秘密保镖，在我和世局相争快要不支的时候，它用它的雅美芳醇救了我。

我是那拥有一枚柿子的柿长，不必经过任何人投票，我本然就是。

秋天·秋天

满山的牵牛藤起伏，紫色的小浪花一直冲击到我的窗前才猛然收势。

阳光是耀眼的白，像锡，像许多发光的金属。是哪个聪明的古人想起来以木像春而以金像秋的？我们喜欢木的青绿，但我们怎能不钦仰金属的灿白？

对了，就是这灿白，闭着眼睛也能感到的。在云里，在菅芒中，在满山的翠竹上，在满谷的长风里，这样乱扑扑地压了下来。

在我们的城市里，夏季上演得太长，秋色就不免出场得晚些。但秋天是永远不会被混淆的——这坚硬明朗的金属季。让我们从微凉的松风中去认取，让我们从新刈的草香中去认取。

已经是生命中第二十五个秋天了，依然这样容易激动。正如一个诗人说的：

“依然迷信着美。”

是的，到第五十个秋天来的时候，对于美，我怕是还要这样执迷的。

那时候，在南京，刚刚开始记得一些零碎的事，画面里常出现一片美丽的郊野，我悄悄地从大人身边走开，独自坐在草地上。梧桐叶子开始簌簌地落着，簌簌地落着，把许多神秘的美感一起落进我的心里来了。我忽然迷乱起来，小小的心灵简直不能承受这种兴奋。我就那样迷乱地捡起一片落叶。叶子是黄褐色的，弯曲的，像一只载着梦的小船，而且在船舷上又长着两粒美丽的梧桐子。每起一阵风我就在落叶的雨中穿梭，拾起一地的梧桐子。必有一两颗我所未拾起的梧桐子在那草地上发了芽吧！二十年了，我似乎又能听到遥远的西风，以及风里簌簌的落叶。我仍然能看见那载着梦的船，航行在草原里，航行在一粒种子的希望里。

又记得小阳台上的黄昏，视线的尽处是一列古老的城墙。在暮色和秋色的双重苍凉里，往往不知什么人又加上一阵笛音的苍凉。我喜欢这种凄清的美，莫名所以地喜欢。小舅舅曾经带我一直走到城墙的旁边，那些斑驳的石头、蔓生的乱草，使我有一种说不出的感动。长大了读辛稼轩的词，对于那种沉郁悲凉的意境总觉得那样熟悉，其实我何尝熟悉什么词呢？我所熟悉的只是古老南京城的秋色罢了。

后来，到了柳州，一城都是山，都是树。走在街上，两旁总夹着橘柚的芬芳。学校前面就是一座山，我总觉得那就是地理课本上的十万大山。秋天的时候，山容澄清而微黄，蓝天显得更高了。

“媛媛，”我怀着十分的敬畏问我的同伴，“你说，教我们美术的龚老师能不能画下这个山？”

“能，他能。”

“能吗？我是说这座山全部。”

“当然能，当然，”她热切地喊着，“可惜他最近打篮球把手摔坏了，要不然，全柳州、全世界他都能画呢。”

沉默了好一会儿。

“是真的吗？”

“真的，当然真的。”

我望着她，然后又望着那座山，那神圣的、美丽的、深沉的秋山。

“不，不可能。”我忽然肯定地说，“他不会画，一定不会。”

那天的辩论后来怎样结束，我已不记得了。而那个叫媛媛的女孩子和我已经阔别了十几年。如果我能重见她，我仍会那样坚持的。

没有人会画那样的山，没有人能。

媛媛，你呢？你现在承认了吗？前年我碰到一个叫媛媛的女孩子，就急急地问她，她却笑着说已经记不得住过柳州没有了。那么，她不会是你了。没有人能忘记柳州的，没有人能忘记那苍郁的、沉雄的、微带金色的、不可描摹的山。

而日子被西风刮尽了，那一串金属性的、有着欢乐叮当声的日子。终于，人长大了，会念《秋声赋》了，也会骑在自行车上，想象着陆放翁“饱将两耳听秋风”的情怀了。

秋季旅行，相片册里照例有发光的记忆，还记得那次倦游回来，坐在游览车上。

“你最喜欢哪一季呢？”我问芷。

“秋天。”她简单地回答，眼睛里凝聚了所有美丽的秋光。

我忽然欢欣起来。

“我也是，啊，我们都是。”

她说了许多秋天的故事给我听，那些山野和乡村里的故事。她又向我形容那个她常在它旁边睡觉的小池塘，以及林间说不完的果实。

车子一路走着，同学沿站下车，车厢里越来越空虚了。

“芷，”我忽然垂下头来，“当我们年老的时候，我们生命的同伴一个个下车了，座位慢慢地稀松了，你会怎样呢？”

“我会很难过。”她黯然地说。

我们在做什么呢？芷，我们只不过说了些小女孩的傻话罢了，那种深沉的、无可如何的摇落之悲，又岂是我们所能了解的。

但，不管怎样，我们一起躲在小树丛中念书，一起说梦话的那段日子是美的。

而现在，你在中部的深山里工作，像传教士一样地工作着，从心里爱那些朴实的山地灵魂。今年初秋我们又见了一次面，兴致仍然那样好，坐在小渡船里，早晨的淡水河还没有揭开薄薄的蓝雾，橹声琅然，你又继续你的山林故事了。

“有时候，我向高山上走去，一个人，慢慢地翻越过许多山岭。”你说，“忽然，我停住了，发现四壁都是山！都是雄伟的、插天的青色！我吃惊地站着，啊，怎么会那样美！”

我望着你，芷，我的心里充满了幸福。分别这样多年了，我们都无恙，我们的梦也都无恙——那些高高的、不属于地平线上的梦。

而现在，秋在我们这里的山中已经很浓很白了。偶然落一阵秋雨，薄寒袭人，雨后常常又现出冷冷的月光，不由人不生出一种悲秋的情怀。你那儿呢？窗外也该换上淡淡的秋景了吧！秋天是怎样地适合故人之情，又怎样地适合银银亮亮的梦啊！

随着风，紫色的浪花翻腾，把一山的秋凉都翻到我的心上来了。我爱这样的季候，只是我感到我爱得这样孤独。

我并非不醉心春天的温柔，我并非不向往夏天的炽热，只是生命应该严肃，应该成熟，应该神圣，就像秋天所给我们的一样——然而，谁懂呢？谁知道呢？谁去欣赏深度呢？

远山在退，遥遥地盘结着平静的黛蓝。而近处的木本珠兰仍香着（香气真是一种权力，可以统辖很大片的土地），溪水从小夹缝里奔窜出来，在原野里写着没有人了解的行书。它是一首小令，曲折而明快，用以描绘纯净的秋光的。

而我的扉页空着，我没有小令，只是我爱秋天，以我全部的虔诚与敬畏。

愿我的生命也是这样的，没有太多绚丽的春花，没有太多飘浮的夏云，没有喧哗，没有旋转着的五彩，只有一片安静纯朴的白色，只有成熟生命的深沉与严肃，只有梦，像一树红枫那样热切殷实的梦。

秋天，这坚硬而明亮的金属季，是我深深爱着的。

山的春、秋记事

一　山坳里的春之画展

春天，我们应邀去看画展，邀请的人是太鲁阁公园管理处的处长，但我宁可视他为画廊经纪人。据说上一档展出的是油菜花，这一档则是桃花，作者都是同一个，名字叫“造化”。作者的脾气一向执拗，从来不肯宣布确实的展期，你只能约略知道似乎有动静了，甚至快要揭幕了，正在大家争走相告猜疑不定之际，忽然某个晴和的早晨，繁花满畦，你知道展览已经开始了。

其实更应该一提的也许是这画廊，百仞青山，千里涧水，勤读的清风翻阅每一页翠绿，照明设备则只架两盏大灯，白天的那盏叫太阳，晚上的那盏叫月亮，终年展出，日夜不休。

只是画廊太长、太大、太深，这等手笔太不符合经济效益了吧！我们从清晨出发，一路走到中午，桃花才迟迟来入眼——令人惊喜的是上一档的油菜花尚未完全收起，这一档的桃花已经推出。桃花挂得高些，油菜花铺得低些，一个展览场竟做两番同步的展出，构想倒也新奇大胆。

这个地方叫陶塞村，和陶塞溪的河床相去不远，两个地方倒好像历史上的李白与杜甫或者苏东坡与姜白石，因为有其同样优美的才质，所以不知不觉拼命追求相异的面貌：

陶塞村在四月是粉红色的寝宫，桃花林下一路行来，只觉淡淡的胭脂在眉颊在歌啸在若有若无的风里晕开。

陶塞溪则相反，唯恐色调不够沉郁浑厚：黑色的巨石森森垒垒，起先你不知道何以要下笔如此滞重？及至坐久了，看那鲜碧如琉璃的急流一路喷沫含烟地往前蹿去，不免顿悟，非如此老老实实的纯洁黑色不足以托住那跳脱如仙裾的薄绿。

陶塞村的路径曲曲折折地往山头蜿蜒。

陶塞溪的水流一去无悔地往低处倾泻。

陶塞村是施了法的城堡，桃花在幻象中且开且落，寂然无声。连蜂媒蝶使也都似着了魔法，在催眠状态下往往返返。

陶塞溪却是一首永不歇拍的哗然的长歌。水是永不迸断的琴弦，山是永不摧坏的雁柱。一切凹入的岩穴谷地皆成共鸣箱，一切奇拔突起的山势皆如鼓钹镗锴，沸然扬声。

陶塞村与陶塞溪是如此相倚相重，而又如此刻意相反相成——如果你只识其中一个会觉得两者各自浑然无瑕，但如果认识了两个，便不免觉得两者如果少掉一个必是憾事。陶塞溪是护城河，圈住山头一片美的营垒，没有陶塞溪则城池不固。而桃花则是故垒中的公主，有了她，陶塞溪守护的职守才有其可以夸称的意义。

桃花其实年年重复，但却无一枝无一朵无一瓣无一蕊抄袭旧作。我见桃下有块苔痕斑斑的大石，便把麂皮旅行袋权作枕头横卧仰观，同伴因贪看溪景一时未至，我便独霸整个桃林的风光。桃花宜平视，亦宜仰望，平观是艳色滟潋，仰观则成法相庄严。当然，如果乘坐小飞机俯视亦无不可，但俯视却有点像神话故事里的云端童子，对着人间转眼零落的繁红盛绿，恐怕总不免惘然有泪吧！

——所以最好的应该是仰视了。闻说大匠米开朗琪罗一生画教堂壁画，画到圆穹高处，只好翻身仰首而画，及至晚年，竟成习惯性的“仰面人”。人生能留下这样一个姿势，真是够凄凉也够豪壮了。

仰看桃花弥天漫地，在这悠悠如青牛的大石上，我觉得自己既是置身花事之中，又仿佛置身花事之外。繁花十里如火如炽之际，亦自娴静贞定。那红色真红得危险，那桃红再加热一度即可焚身，再冷凝一度又不免道学气，这四月桃花却行险侥幸，刚好在其间得大优游大自在。《诗经》中的桃花是男婚女嫁的情缘，民间传说中的桃枝却又可以驱鬼，而在王母娘娘的果园里垂其芬郁圆熟的也是此桃，想来这桃竟是可仙可道可以入世亦可以伏魔的异物。

故事中的汉武帝在七月七日深夜得见西王母,吃了两枚桃子，悄悄留下桃核想要去种。西王母笑了（大约还带着促狭的神气吧！），她说：“那桃三千年才结一次哩！你留着种子干吗？”

对于渴望成仙不朽的汉武帝而言，一切都来不及了，三千年结一次的桃，不是凡人可种来吃的。想来三千年间应该是一千年成树，两千年着花，三千年结果吧！假如当年汉武帝不甘心之余仍然偷偷在海上仙山种下它，至今刚好两千年，我该刚好赶上看了吧！其实仙桃之花也无非等于今年四月村子里此时此刻的桃花，或者此花本即仙种吧！但慧绝亦复痴绝的凡人刘彻呵，他为什么始终不能明白，人的不朽不在于食桃，而在于定目凝视那万千纷纭起落之余的一念敬畏。人能一旦震慑于美的无端无涯，威服于生命的涌动生发，亦即他终于近道之刹那了。

一阵风过处，汉唐渐远，急红入眼，一照面之下彼此都知道对方是过眼的繁华吧！至于那乱落入书的，和诗行互映互衬之余都了解自己是宿慧一现吗？而桃花终于成为书本上的朱砂手批。桃花也是整个中国山川的点点朱批吧！

下山以后，电话里蒋勋说：“我一直记得那条路，那天你的车在前，我的车在后，你斜歪着身子坐在后座，衣服在树下隐隐泛蓝，让我想起从前在台湾乡下，女孩子穿件蓝布衣裳，被人载

着去出嫁。”

“他什么不好想，却想到要我去出嫁？”电话里我跟慕蓉转述，一面大笑，“我那时坐在人家摩托车后座，左边是时有落石的峭壁，右边是万丈深渊，自危都来不及呢！怎么会想出嫁！哎，而且叫我嫁给谁呢？嫁给春天吗？”

关于四月，关于桃花，每次在我乍然想起，几乎怀疑它们是虚构情节的时候，因为有朋友的那番话，使我相信它是确实发生过的。

二　站在因月光而超载的危桥上

那地方叫文山，我们当时都站在吊桥上，一边一排，两相对立。月亮升上来，山林隐隐骚动起来，事情就这么单纯，可是我们哗然一声静了下来，我说哗然，是因为那凝静里有着更巨大的喧哗。

使万物清朗的是秋天，化幽隐为透明的是满月，桥因超载月光而成为危桥，但我深深爱上那份危险。

我们站在吊桥上，你知道，所谓吊桥，就是一侧有山，另一侧也有山，而且下面还有溪涧深渊的那种东西。当时月亮亮得极无情，水亦流得极刚猛决然，人在桥上，虽然仗着人多势众，也不得不惶然凄然。我觉得自己像一只蜘蛛，垂悬在上不着天、下不着地的太虚里，不同的是蜘蛛自己结网，我却只能把生命交给那四根铁索。铁索微微晃漾，我也并不觉得不踏实，生命多少是一场走钢索，别人替你不得，别人扶你不得，你只能要求自己在极惊险的地方走得极漂亮稳当。和钢索相比，吊桥已够舒坦。山和山是安定的名词，吊桥是其间诚恳的连接词，而我，我是那欲有所述的述语。

只是一群人，只是一群人站在深山的吊桥上，只是那天晚上刚好有秋天圆满的月亮——就这么简单，可是，不止啊，我说不清楚，我能说的只是舞台布景，至于述之不尽的满溢的悲喜和激情，却又如何细说？

记得有次坐火车慢车赴屏东，车上有个枯干憔悴的男人，看样子是台湾少数民族，而且智力显然有障碍。但因他只自顾自地咿咿喔喔而并无攻击性，大家也就各自打盹发呆不去理他。不料忽然之间，车子一转，天际出现一道完整的彩虹，仿佛天国的拱门，万种华彩盈眉喷面而来。可怜那男子一跃而起，目瞪口呆，他在一个车厢里喜得前奔到后，后奔到前，去拉每个乘客的衣服，嘴里只会“啊——啊啊——啊——啊”地狂呼，手指却兴奋发抖反复直指那道长虹，他要每个人知道这开天辟地以来的第一次神迹。

知识有什么用呢？知识使人安然夷然，说：

“这是虹，因阳光折射而成，包含七种颜色。”

而那男子却因无知无识，亦无一个词眼一个句子可用，因而反倒可以手指直呼，直逼真相。他不假任何知识或成见去认识虹，他更没有本领向任何人讲述虹的知识，他当时大惊小怪，在车厢里失态乱叫的语言如果翻译出来也只是：“快看、快看，我看到一个东西很好看，你也快看！”

但不知为什么，以后每看到虹，一切跟虹有关的诗歌、神话、传说都退远了，只剩那智障男子焦虑乱促的叫声，仿佛人被逼急了，不得不做出的紧急反应。他被什么所逼呢？是被那一道艳于一道的七叠美丽吗？

和那男子相比，我也有智力障碍吧！此时此际，月出自东山，月涌于深涧，众人在月下站着，亦复在月上站着。我欲寻一语不得，恨不得学那人从桥头跑到桥尾，从桥尾奔回桥头，手指口呼，用最简单最原始的“啊——啊啊——啊”来向世人直指这一片澄澈的天心。

又记得小时候和同伴月下嬉玩，她忽然说：

“你不可以指月亮，不然手指头会烂。”

“胡说！”我有点生气，“不信你明天看我手指烂不烂。”

当时虽然嘴硬，心里却不免兀自害怕，第二天看见自己十指俱全，竟有点劫后余生的欣喜。

事隔多年，如果今天再有孩子来问我，我会说：

“月亮可以用手指头‘指’，但万万不可以用言语‘指’述。”

真的不可指述，因为一说便错。

所以颠来倒去，我只能反复说，曾有一个晚上，秋月圆满无憾，有一群人站在群山万壑之间的一线凌虚架空的吊桥上。当是时，桥上是月，桥下亦是月（如果要列得更明细一点，桥上的月是固体的，桥下的月是流体的，反映在眉目衣袂间的则是气体的玉辉）。众人哑然，站在那条挂向两山间的悬空吊桥上，一如他们的一生，吊在既往和未知之间扯紧的枯绳上。

三　神出鬼没的山

如果我说“那些神出鬼没的山”，你会以为我在撒谎吗？

古人用词，实在有其大手段，例如他们喜欢用“明灭”。像王维说“寒山远火，明灭林外”倒还合理。韦应物诗“寒树依微远天外，夕阳明灭乱流中”也说得过去。但像杜甫说“回首凤翔县，旌旗晚明灭”就不免有印象派的画风，旗帜又不是发光体，如何忽明忽暗？柳宗元的游记大着胆子让风景成为“斗折蛇行，明灭可见”，朱敦儒的词更认为“千里水天一色，看孤鸿明灭”，仿佛那只鸟也带着闪光灯似的。

大概凡是美的事物，都有其闪烁迷离的性格，不但夕阳远火可以明灭，一切人和物都可以在且行且观的途中乍隐乍现、忽出忽没，而它的动人处便在这光线和形体的反复无常吧！山势亦然，闪烁飘忽处，竟如武林高手在逞其什么怪异的扑朔迷离的游走身法。你欲近不得欲远不得，忽见山如伏虎，忽闻水如飞龙。你如想拿笔记录，一阵云来雾往，仿佛那性格古怪的作者，写不上两行就喜欢涂上一堆“立可白”，把既有的一切来个彻底否认。一时之间，山不山、水不水、人不人、我不我，叫人不仅对山景拿捏不定，回头对自己也要起疑了。

所以，如果我说那“神出鬼没的山”，其实是很诚实的。

那天清晨，来到这断崖崩壁前，朋友们拿起画笔时，我心里充满恶作剧的欲望。

“我在想，如果找到一根大棍子，我把你们每个人一棒槌打昏放在大麻袋里，神不知鬼不觉地把你们拖来这山上，”我一面说，一面盘算，自己高兴得大笑大叫，“然后骗你们说你们被绑架了，这里是四川了，这里便是李白《蜀道难》里‘连峰去天不盈尺……砯崖转石万壑雷’的绝高绝美的地方，我相信你们个个都会相信。我骗你们说这里就是‘峨眉天下秀’，我骗你们说这里就是‘可以横绝峨眉巅’的地方，你们绝对会相信，只要我找到一根大棍子，把你们一个个先打昏……”

“你这人也真奇怪，好端端的，为什么满心只想找根大棍子把我们一个个打昏……”蒋勋说得无限委屈，好像我真的手里握着大棍子似的。

对啊，我为什么如此杀气腾腾？只因在山里住了几天，就平添出山大王的草莽气味来了吗？不对，不对，我这根大棍子非比寻常，是老僧手里那“棒喝”之棒。一棍下去，结结实实，让人经过“震荡”以后，整个惊醒过来。我其实哪里是要打他们，我只是生气有人活到今天还不知道自己身在台湾可以纵目看到一流山水，我是个不时拿棒子打自己的人，我时时问自己：

“你能不能放弃那个旧我和旧经验，用全新的眼睛来看这个世界？”

巨幅的悬崖近乎黑色，洁净无瑕，和山民的皮肤同色调同肌理，看来是系出一个血源了。山与山耸立，森森戟戟如铜浇铁铸，但飞奔的碧涧却是个一缰在握的少年英雄，横冲直撞，活活地把整片的山逼得左右跳开，各自退出一丈远，一条河道于是告成。但这场战争毕竟也赢得辛苦，满溪都是至今犹腾腾然的厮杀的烟尘和战马的喷沫……

同伴写生，我则负责发愣发痴，对于山水，我这半生来做的事也无非只是发愣发痴而已——也许还加一点反刍。其实反刍仍等于发愣，那是对昨日山水的发愣，坐在阳光下，把一路行来的记忆一茎一茎再嚼一遍，像一只馋嘴的羊。我想起白杨瀑布，竟那样没头没脑从半天里忽然浇下一注素酒，你看不出是从哪一尊壶里浇出来的，也看不懂它把琼浆玉液都斟酌到哪里去了。你只知道自己看到那美丽的飞溅，那在醉与不醉间最好的一段醺意。我且想起，站在桥墩下的巨石上，看野生的落花寂然坠水。我想起，过了桥穿岩探穴，穴中山泉如暴雨淋得人全身皆湿，而岩穴的另一端是一堵绿苔的长城，苔极软极厚极莹碧，那堵苔墙同时又是面水帘，窄逼的山径上，我拼命培养自己的定力，真怕自己万一被那鲜绿所惊所惑，失足落崖，不免成了最离奇的山难事件。我想起当时因为裙子仍湿，坐在那里晒太阳，一条修炼得身躯翡翠通碧的青蛇游移而来。阳光下，它美丽发亮如转动的玉石，如乍惊乍收的电光，我抬起脚来让它走，它才是真正的山岳之子，我一向于蛇了无恐惧，我们都不过是土地的借道者。

想着想着，忽觉阳光翕然有声，阳光下一片近乎透明的红叶在溪谷里被上升的气流托住了，久久落不下去，令人看着看着不免急上心来，不知它怎么了局。至于群山，仍神出鬼没，让人误以为它们是动物，并且此刻正从事大规模的迁移。

终于有人掷了画笔说：

“不画了，算了，画不成的。”

其他几人也受了感染，一个个仿佛找到好借口，都把画笔收了。我忽然大生幸灾乐祸之心，嘿嘿，此刻我不会画画也不算遗憾了，对着这种山水，任他是谁都要认输告饶的。

负责摄影的似乎比较乐观，他说：

“照山，一张是不行的，我多照几张拼起来给你们看看。”

他后来果真拼出一张大山景，虽然拼出来也不怎么样——我是指和真的山相比。

我呢，我对山的态度大概介乎两者之间吧，认真地说，也该掷笔投诚才行，但我不免仍想用拼凑法，东一角，西一角，或者勉强能勾山之魂、摄水之魄吧！让一小撮山容水态搅入魂梦如酒曲入瓮，让短短的一生因而甘烈芳醇吧。

我有一根祈雨棍

我有一根祈雨棍，我花钱买来的。

买的地点在加拿大的哥伦比亚冰原，这根据说是北美印第安人用的。一般观光客为了省钱省力，大概会买根短棍（一尺或二尺长）做纪念品也就罢了。我却贪心，买了根最长的，是根足足四尺的长棍——店主人说祈雨棍最长也就这么长了。而棍子的直径大约是四公分。

扛着这么根长棍，我又一路旅行到阿拉斯加，在海湾里看杀手鲸和海豚优游，看冰崖雪崩的惊心景状。无论走到哪里，这大棍简直像京剧舞台上的齐眉棍，一路引人注目。

祈雨棍的材料是大仙人掌的空心直秆。秆子上原来长满一寸长的利刺，但在制作的时候他们先把秆子晒干，然后很巧妙地把一根根外刺反塞到棍子的内腹部，变成固定的内刺。一根棍子摘了刺，又晒得滑溜干挺，十分称手。他们再把些小沙小石灌进棍子中空的位置，封好封口，晃动棍子，小沙小石便在众刺中间游走。密封的棍子是极好的共鸣箱，一时之间只闻飞沙走石之声盈盈乎耳，仿佛天风折黄云，迅雷动百草，大雨，显然已迫在眉睫，立刻会兜头兜脸地下下来。

想当年，莽莽的大草原上，清晨时分，上百巫师一起举起他们的祈雨棍，那轰轰然如飙风如阵雷的声音节奏，必然令人动容。

我不是农人，对下雨不太有概念，雨对都市人造成种种不便，都市人简直希望雨水应该自动消失才好。但近年来水库缺水，我才蓦然惊觉原来雨水比汽油比金子都可贵。对了，如果雨水是人，我要劝他也不宜太好心，充分供应之余就会产生一群忘恩负义的家伙。应该适度缺货，人类才有“大旱望云霓”的谦卑渴想。人类很贱，过不得好日子，并且从来不懂得珍惜上帝不经祈求就赐下来的东西，像日光，像空气。

回到台湾，我把祈雨棍好好珍藏，并且不时拿出来晃两下，聆听那风狂雨骤的声音。祈雨棍提醒我做人宜卑微，原来，无论多么心高气傲的族类，真正碰到长期不下雨的场面，便不免慌了手脚。人类虽然也应自尊自重，但另一方面却也急需知道自己的有限有穷，能有一根祈雨棍来向我耳提面命，令我自卑自迩，也真是一件好事。

亲爱的上苍，请给我顺遂，请给我丰裕，但也时时容我稍稍感受枯竭的惶急和伤痛。这样，在大雨沛然之际，我才懂得感恩。

而且，如果我已顺遂到不知惶急和伤痛为何物，恐怕在这地球上，有一半人口在忍受的那种心情已与我绝缘。

枯焦的大地上，我不尊贵，我俯伏，我是为普世的大旱跪求一滴甘霖的祈雨者。

仗美执言

我想，开始的时候，她自己也不知道后来会走得这样远。

就像嫘祖，偶然走到树下，偶然看见闪闪发光的茧，听到微风拨划万叶的声音，她惊奇地伸手摘下那枚洁白如雪凝练如蕾的椭圆形，然后拉开它，伸展它，才发现那是一缕长得说也说不完的故事。她并不知道自己已经扯出了一种叫“丝”的东西，她更不知道整个族人将因而产生一部丝的文化，并且因而会踏出一条绕过半个地球的“丝路”——她只知道那是棵碧绿的好桑树，长在一个温暖柔和的好春天。树上有一枚银银亮亮包容无限的茧，她哪里知道那样轻柔细微的一纤，竟能坚韧得足以缩住一部历史。

又如另个不知名的先民，在一个露水犹湿的清晨来到黄河边。听见水鸟婉转和鸣，一时兴起，便跟着学叫一声：

“关——关——”

水鸟傻傻地应了一声，他顽皮地再学一声。忽然，他发现那以“马”收尾的关字是多么圆柔婉艳。

“关关。”他说。

“关关雎鸠。”他说，忽然，他知道那是一个好句子。

“关关雎鸠。”他继续念，而水鸟在沙洲上，沙洲在河上，并且由于春草萋萋，看来轻而蓬松，仿佛随时都会顺流漂走。

哎，这样简单，一条河，一个春天，河上一夜之间绿透的半实半虚的沙洲，洲上半隐半现的水鸟，以及一个看见这一切的，又欢喜又悲切的自己。他觉得有话冲到嘴边，就照直说了出来：

“关关雎鸠——在河之洲。”

他并不知道那就是诗，他只想把春天早晨听到看到的说出来罢了。然而，他吟出了一首诗，从一条河开始。

初识碧华，只知她是诗人罗青的妻子。而“诗人的妻子”这一职分，恐怕已经是负累颇重的名衔了。我一时也没注意她本人。后来在一九八二年我为泰北难民筹款，办了“作家小手艺义卖”，她拿出一些精致的刺绣首饰，才真正把大家吓了一跳。一九八六年，她又在台湾民艺文物之家展出一次，作品更见丰美繁富，最近她把心得和作品结成集子，一页页掀开，只觉是一幅幅有插图的诗集——或者说，有说明的画册。歆羡之余，很愿意为她“仗美执言”。

碧华和丝线的因缘其实也很偶然。那年，她母亲去外地，留一盒丝线给她，那大概是她第一次惊艳吧！中国人的色彩表现最早的可见于彩陶，至于文字方面的记载，则见于《尚书》：“以五采彰施于五色，作服，汝明。”可见早期的色彩是和丝线连在一起的（虽然并不因而不和别的连在一起）。彩色丝线的绚丽艳泽足以用来调剂单色的布，进而可以区别官阶军种，算得上是源远流长了。碧华爱上的那盒丝线，溯其源竟可以上接五千年前中国人对蚕丝爱悦流盼的目光。

碧华拿起针来，描摹之际，竟不知不觉便做出类似香包的小手艺，香包其实正是往古时代农业社会初夏时日的好心情。新嫁的女子，在第二年端午节，照例要做些香包分送族人，特别是小孩子，往往可以像“佩六国相印”般带着婶婶、嫂嫂、姊姊等人的不同香包。名为辟邪，其间自有手艺高下巧拙的比较，而新嫁娘的手艺一向是大家争看的焦点。碧华初试手艺时，心情或者亦如新嫁娘吧！分给大家围观传阅的时候，心情亦不过是节庆期间的一团喜气吧？

但缝着缝着，一针一线之余，她竟缝出自成一格的刺绣首饰来了。世上的首饰虽然有金有银有铜有锡有珠有玉有各种钻石宝石，且有玻璃、陶瓷、种子、木头、骨头、牙齿……但要找一条精致的刺绣首饰却必须到碧华的工作间去——这件事，开头的时候，我敢说，碧华自己是一点也不知道的。她只是觉得丝线鲜活美丽，她只是知道把两根丝线放在一起会比一条更鲜活美丽，线线相叠，不意就这样竟撞出一番乾坤来了。

我看碧华作品的心情，也如端节小儿伸手讨新嫁娘的香包，挂在身上，无限喜悦——为那一手生香活色的好针线，为村社间的好年成好节景好兴致，为玩着玩着不知不觉开了宗创了业的潇洒。

细赏碧华作品，或仿战国玉器，莹润温婉。或拟印度色彩，幽艳玄秘。或作螭蛟腾云，或成花团锦绣。其心思之致密、品味之醇雅，用色用针之能宏肆能守成，都令人惊喜错愕不已。

如果碧华一开始就立好计划，打出旗号，拟定十年工作进度表，要把自己造成一位“现代化刺绣首饰制作人”当然也没有什么不好。但我更喜欢她目前的程序，是不知不识间拈起一根属于母亲的丝线——然后再拈起另一根。色与色相授，神与形相接。她在不能自持的情况下，一步步陷入困惑和奋扬，作品在梦中涌现，在冥思中成长，复在静定中一针一缕地完成。

我为碧华喜，但更为可以产生碧华的社会喜，为艺术上英雄四起开疆拓土的鹰扬时代喜，为传统可楔入现代喜，更为自己可以看到好东西的权利窃喜。

母亲·姓氏·里贯·作家

儿子小时，大约三四岁，一个人到家门口的公园去玩。有人来问他籍贯，他说：“我是湖南人，我妹妹也刚好是湖南人，我的爸爸和爷爷、奶奶都是湖南人，只有我妈妈是江苏人。”

他那时大概把籍贯看成某种血型，他们全属于一个整体，而妈妈很奇怪，她是另类。

这个笑话在我们家笑了很多次，但每次笑的时候，我都悄悄生疼，从每一寸肌肤、每一节骨骸。

我有个同学，她说她母亲当年结婚时最强烈的感觉便是“单刀赴会”。形容得真是孤凄悲壮，让人想起“风萧萧兮易水寒，淑女一去兮不复还”。父系中心的社会，结构完整严密，容不得女子有什么属于她自己的面目，我的儿子并不知道他除了姓林，也该姓二分之一的张，籍贯则除了是湖南长沙，也包含江苏徐州。

母亲生养了孩子，但是她容许孩子去从父姓。其实姓什么并不重要，生命的传递才是重点，正如莎士比亚说的：

“我们所谓的玫瑰，如果换个名字，不也一样芳香吗？”

可贵的是生命，是内在的气息，而不是顶在头上的姓氏或里贯。

晚明清初，有本书写得极好，叫《陶庵梦忆》。顾名思义，作者当然应该姓陶。其实不然，作者的名字叫张岱。为什么姓张的人却号陶庵呢？简单地说，就是作者在从事怀旧的、委婉的书写之际，不自觉地了解到自己也有属于母亲的、属于女性的一面。而他的母亲姓陶，他就自号“陶庵”。

也许只有那颗纤细的敏感的作者之心，才会使他向母亲的姓氏投靠。

张岱的情况更特别一些，他是遗民，身经亡国之痛。他勉强活下来，是因为想用余年去追述一个华美的、消失了的王朝。他渴望为逝去的朝代做见证并尽孝道，大明朝是他的父亲，也是他的母亲。

英国出生于二十世纪初的剧作家弗雷（写过 The Lady's Not for Burning）把自己的姓和宗教，都改成了外婆的，他本姓哈里斯，十八岁才改的。

近代作者中直截了当用笔名来表达皈依母亲之忱的便是鲁迅了。鲁迅原姓周，叫周树人，与周作人是兄弟，并享盛名。鲁迅算是第一个写现代小说的作者，有趣的是他的小说背景永远绕着鲁镇打转，“鲁”是周树人母亲的姓，他选择这个姓来做自己的笔名，似乎有意向父系社会的姓氏制度挑战。一生下来便已被命名为周树人是他无法抗议的，但当他有机会给自己安排一个新名字，他便选择姓母亲的鲁。

附带一提的是，鲁迅的笔一向辛辣犀利，挖苦阿Q或孔乙己丝毫不留余地，但他笔下的女性却在坚苦卓绝中自有其高贵而永恒的刻痕，如华大妈，如夏四奶奶……

改姓改得更晚的是台大外文系的黄毓秀，在她改姓母亲的姓氏“刘”之前，其实常建议同学叫她“毓秀”老师。

还有一个在桃园监狱中服刑的年轻人，忽然从“天人菊写作班”学会了写作，生命也因而重新翻了一翻，他为自己取了个笔名叫苏柟，他的理由如下：

因为我最最伟大、最亲爱的妈妈姓苏，她常常向我们抱怨，家里三个小孩没人和她同姓，无人和她同心。每回闹别扭，都嚷着说，你们这些姓郑的如何怎样、怎样如何的。所以，我的笔名一定要和妈妈同姓。

作家大概是最容易为母亲打抱不平的人，最容易向弱势母亲认同的人。

当代作家中的余光中，其身份证上法定籍贯虽是福建永春，但他少年时期一向认同的却是母亲的故里，江南烟水之地。

下一次，当有人问及我们姓氏里贯之际，让我们——至少在心里——也承认母亲这一边的姓氏里贯吧！

一半儿春愁，一半儿水

——溪城忆旧

那年，她十七岁，我也是。夏天发榜，她考取了东吴，我也是。她读会计，我读中文，我们都很快乐。

我们相约去看新校区，南部乡下来的同班同学——真的很南部，比高雄还南，我们是屏东来的小孩。

同学叫她“狮子”，倒不是因为她凶恶，而是因为她名叫师瑾，“师”“狮”同音，大家就叫她“狮子”。

“狮子”长得美，一双大眼睛，慧黠灵动，莹澈渊深，仿佛一串说不完的谜面，令人沉吟费猜。“狮子”且清瘦，腰肢一把，轻盈若无，穿起那时代流行的蓬裙，直如云中仙子。

我们终于找到外双溪，那时是一九五八年，住在台北的人一时还没有学会污染的本领。我们站在溪边，我惊异于碧涧濑石之美——啊，叫我怎么说呢，我只能说，那时候的水，真是水。没有杂质的水。

我当时忍不住跟狮子胡扯：

“我们去弄件游泳衣，下去游泳吧！”

其实，我只是说说。因为，第一，我根本不会游泳；第二，水也太浅，不可能施展身手。

但狮子这个人一向认真，她立刻很淑女地骂了一句：

“你神经啦！”

我懂她的意思，她是指光天化日，众目睽睽，一个女孩子只穿一件游泳衣便去戏水，岂不有伤风化？

而我当时那么说，无非想表达，此水清清，清到值得我们跳进去嬉戏！

四十年后的今天，我每周去东吴上小说课，经过溪边，总不免扼腕叹息。溪水啊！你昔日的美丽呢？虽然也有胆大的钓者继续钓鱼，虽然也有一两只白鹭穿梭其间。但，那曾经澄澈如玉的溪水却早已不见了。

狮子，继续着她在人世间循规蹈矩的步伐，继续流盼她的美目，但乳癌却攫住她。她抗拒，她去开刀，她去复健，她认真地前往大陆寻求医疗，然而，三年前，她终于走了。灵堂布满白色的姬百合，她连葬礼都规划得一丝不苟。

我该向谁去讨回我误撞异域的朋友呢？

一九五八年，东吴在外双溪的第一栋校舍落成，中文系一年级在“第一教室”上课（那位置，现在是注册组在使用）。班上同学只有十人，如果用成本会计的眼光来看，真是浪费。但小班上课实在是令人难忘的好经验，认真的教授甚至可以记得我们作品中的某些句子，像张清徽（张敬）老师，三十年后她偶然还能当面背诵我大四“曲选习作”的句子：

“沟里波澜拥又推，乱成堆，一半儿春愁一半儿水。”

令我又喜又愧。

然而，清徽师也走了，祭吊时播放的不是哀乐，而是她生前最喜欢的昆曲。啊！真是奇异的告别式啊！

“袅晴丝，吹来闲庭院……”

幽缓的水磨调，人生却是如此匆匆啊！

老师是旧式才女，有才华，又用功，连她的字我也是极喜欢的（虽然，不太有人知道她的书法）。她的古诗更写得好，浑茂质朴，情深意切，当今之日，华文世界，能写出这种水平的人，想来也不超过十个吧！

忆起清徽师，常忍不住恻恻而痛，因为同为女性，也因为疼惜，疼惜她这样的才女，却生不逢辰。她对自己的婚姻啧有烦言。但据我看，师丈并不坏。我有次在老师家中看到一帧佩剑少年的旧照片，那美少年英姿飒爽，足以令任何女子怦然心动，我问师丈：

“咦！这人是谁呀？”

“就是我呀！”

我当时大吃一惊！原来这不修边幅，说起话来颠三倒四的师丈，曾是早期清华的高材生，他英挺俊俏，眼神如电，令人形惭。他且又因抗战投身空军，可谓是才子又是英雄。老师当年倾心此人，本来应该可成一段佳话，但才子往往不容易与人相处，至于逢迎阿谀，当然更为不屑。在事业饱受挫折之余，他变得成天谈玄说命，不事生产。老师于是自怨自艾起来，词曲于她不失为一种及时的救赎。

啊！如果老师晚生五十年或者六十年，命运会不会好些？女性主义的大纛是不是让她可以活得更理直气壮一点？但反过来说，如果她晚生六十年，那些来自书香世家的良好旧学根底也就没了——唉，人生实难啊！

何况，多年后，老师告诉我，她原为家计困窘，才在台大之外寻求兼课东吴的。那么，倒是我捡到便宜了，让我有一年之久领略她风趣隽永的授课。世事的凶吉休咎原是如此难卜，她的不幸，不料反而成就了我的幸运。

当这世上你可以称之为老师的人越来越少，学生却愈来愈多，真是件可悲的事。你眼看老成凋谢，却阻止不了他们的消失。于是你渐渐了解，原来，学者也不是永恒的，如果你不趁可请益的时候请益，将来，总有一天，你再也无法向他们请益了。

汪薇史（汪经昌）老师是我另一位恩师，不料在香港教书时发生车祸谢世。命运真是很奇怪的东西，汪老师和大多数外省老辈一样，对台湾的政治定位没什么把握。刚好，香港有意延聘他教书，他是希望能终老香港的，却不意被一辆不负责任的车子断了命。那司机何曾知道这一撞，撞碎了多少宝贵的曲学传承啊！

汪老师是曲学大师吴瞿安（吴梅）先生的弟子，在台湾曲学界可算得一代宗师。但奇怪的是，他当初受聘中文系，所授的课程竟是“社会学”。

有一次，我请教汪老师要学词曲应该如何入手，他说应从《花间词》读起，我再问从《花间词》读起如何读，他说，你来我家，我讲给你听。我从此每周两次去老师家听《花间词》，他讲给我一个人听，免费，而且供应晚餐。甚至我后来结了婚，仍赖皮如故。有时在老师家谈得兴起，不觉已至午夜。忽听得日式房子的矮墙外，有人用压低的清亮男高音的嗓子在叫：

“晓风！”

我一惊而起，推开抑扬清激的工尺谱，完了完了，一定又过十二点了。于是乖乖出门，跟来“捉”我的丈夫一起回家。从龙泉街到永康街，坐在脚踏车后座上，一路犹想着老师婉转的笛声。这种情节一路上演到我生了孩子，实在脱不了身，才算罢休。而那时候，老师也正打算赴香港上任去了。

我如今每次打开《花间词》都不敢久读，因为一想起往事，就要流泪。

溪声千回，前尘如烟。连当年那可爱的会写情诗的学弟林炯阳也走了（至于他曾取得博士学位，当过中文系系主任，算来都属“末节”，他的诗人履历才是最可敬的）。我想，如今我只能珍惜活着的师友，并期待下一世纪江山代出的人才。钟灵毓秀的溪城当能回应我的祈愿吧?

魔　季

蓝天打了蜡，在这样的春天。在这样的春天，小树叶儿也都上了釉彩。世界，忽然显得明朗了。

我沿着草坡往山上走，春草已经长得很浓了。唉，春天老是这样的，一开头，总惯于把自己藏在峭寒和细雨的后面。等真正一揭了纱，却又谦逊地为我们延来了长夏。

山容已经不再是去秋的清瘦了，那白绒绒的芦花海也都退潮了，相思树是墨绿的，荷叶桐是浅绿的，新生的竹子是翠绿的，刚冒尖儿的小草是黄绿的。还是那些老树的苍绿，以及藤萝植物的嫩绿，熙熙攘攘地挤满了一山。我慢慢走着，我走在绿之上，我走在绿之间，我走在绿之下。绿在我里，我在绿里。

阳光的酒调得很淡，却很醇，浅浅地斟在每一个杯形的小野花里。到底是一位怎样的君王要举行野宴呢？何必把每个角落都布置得这样豪华雅致呢？让走过的人都不免自觉寒酸了。

那片大树下的厚毡是我们坐过的，在那年春天。今天我走过的时候，它的柔软仍似当年，它的鲜绿仍似当年，甚至连织在上面的小野花也都娇美如昔。啊，春天，那甜甜的记忆又回到我的心头来了——其实不是回来，它一直存在着的！我禁不住怯怯地坐下，喜悦的潮音低低回响着。

清风在细叶间穿梭，跟着他一起穿梭的还有蝴蝶。啊，不快乐真是不合理的——在春风这样的旋律里。所有柔嫩的枝叶都被邀舞了，窸窣地响起一片搭虎绸和细纱相擦的衣裙声。四月是音乐季呢！（我们有多久不闻丝竹的声音了？）宽广的音乐台上，响着甜美渺远的木箫，古典的七弦琴，以及琮琮然的小银铃，合奏着繁复而又和谐的曲调。

我们已把窗外的世界遗忘得太久了，我们总喜欢过着四面混凝土的生活。我们久已不能像那些溪畔草地上执竿的牧羊人，以及他们仅避风雨的帐棚。我们同样也久已不能想象那些在陇亩间荷锄的庄稼人，以及他们只足容膝的茅屋。我们不知道脚心触到青草时的恬适，我们不晓得鼻腔遇到花香时的兴奋。真的，我们是怎么会痴騃得那么厉害的！

那边，清澈的山涧流着，许多浅紫、嫩黄的花瓣上下漂浮，像什么呢？我似乎曾经想画过这样一张画——只是，我为什么如此想画呢？是不是因为我的心底也正流着这样一带涧水呢？是不是由于那其中也正轻搅着一些美丽虚幻的往事和梦境呢？啊，我是怎样珍惜着这些花瓣啊，我是多么想掬起一把来作为今早的晨餐啊！

忽然，走来一个小女孩。如果不是我看过她，在这样薄雾未散尽，阳光诡谲闪烁的时分，我真要把她当作一个小精灵呢！她慢慢地走着，好一个小山居者，连步履也都出奇地舒缓了。她有一种天生的属于山野的纯朴气质，使人不自已地想逗她说几句话。

“你怎么不上学呢？凯凯。”

“老师说，今天不上学，”她慢条斯理地说，“老师说，今天是春天，不用上学。”

啊，春天！噢！我想她说的该是春假，但这又是多么美的语误啊！春天我们该到另一所学校去念书的。去念一册册的山，一行行的水。去速记风的演讲，又数骤云的变化。真的，我们的学校少开了许多的学分，少聘了许多的教授。我们还有许多值得学习的，我们还有太多应该效法的。真的呢，春天绝不该想鸡兔同笼，春天也不该背盎格鲁—撒克逊人的土语，春天更不该收集越南情势的资料卡。春天春天，春天来的时候我们真该学一学鸟儿，站在最高的枝柯上，抖开翅膀来，晒晒我们潮湿已久的羽毛。

那小小的红衣山居者很好奇地望着我，稍微带着一些打趣的神情。

我想跟她说些话，却又不知道该讲些什么。终于没有说——我想所有我能教她的，大概春天都已经教过她了。

慢慢地，她俯下身去，探手入溪。花瓣便从她的指间闲散地流开去，她的颊边忽然漾开一种奇异的微笑，简单的、欢欣的，却又是不可捉摸的笑。我又忍不住叫了她一声——我实在仍然怀疑她是笔记小说里的青衣小童。（也许她穿旧了那袭青衣，偶然换上这件的吧！）我轻轻地摸着她头上的蝴蝶结。

“凯凯。”

“嗯？”

“你在干什么？”

“我，”她踌躇了一下，茫然地说，“我没干什么呀！”

多色的花瓣仍然在多声的涧水中淌过，在她肥肥白白的小手旁边乱旋。忽然，她把手一握，小拳头里握着几片花瓣。她高兴地站起身来，将花瓣往小红裙里一兜，便哼着不成腔的调儿走开了。

我的心像是被什么击了一下，她是谁呢？是小凯凯吗？还是春花的精灵呢？抑或，是多年前那个我自己的重现呢？在江南的那个环山的小城里，不也住过一个穿红衣服的小女孩吗？在春天的时候她不是也爱坐在矮矮的断墙上，望着远远的蓝天而沉思吗？她不是也爱去采花吗？爬在树上，弄得满头满脸的都是乱扑扑的桃花瓣儿。等回到家，又总被母亲从衣领里抖出一大把柔柔嫩嫩的粉红。她不是也爱水吗？她不是一直梦想着要钓一尾金色的鱼吗？（可是从来不晓得要用钓钩和钓饵。）每次从学校回来，就到池边去张望那根细细的竹竿。俯下身去，什么也没有——除了那张又圆又憨的小脸。啊，那个孩子呢？那个躺在小溪边打滚，直揉得小裙子上全是草汁的孩子呢？她隐藏到什么地方去了呢？

在那边，那一带疏疏的树荫里，几只毛茸茸的小羊在啮草，较大的那只母羊很安详地躺着。我站得很远，心里想着如果能摸摸那羊毛该多么好。它们吃着、嬉戏着、笨拙地上下跳跃着。啊，春天，什么都是活泼泼的，都是喜洋洋的，都是嫩嫩的，都是茸茸的，都是叫人喜欢得不知怎么是好的。

稍往前走几步，慢慢进入一带浓烈的花香。暖融融的空气里加调上这样的花香真是很醉人的，我走过去，在那很陡的斜坡上，不知什么人种了一株栀子花。树很矮，花却开得极璀璨，白莹莹的一片，连树叶都几乎被遮光了。像一列可以采摘的六角形星子，闪烁着清浅的眼波。这样小小的一棵树，我想，她是拼却了怎样的气力才绽出这样的一树春华呢？四下里很静，连春风都被甜得腻住了——我忽然发现自己已经站了很久，哦，我莫不是也被腻住了吧！

酢浆草软软地在地上摊开，浑朴、茂盛，那气势竟把整个山顶压住了。那种愉快的水红色，映得我的脸都不自觉地热起来了！

山下，小溪蜿蜒。从高处俯视下去，阳光的小镜子在溪面上打着明晃晃的信号。啊，春天多叫人迷惘啊！它究竟是怎么回事呢？是谁负责管理这最初的一季呢？他想来应该是一个神奇的艺术家了，当他的神笔一挥，整个地球便美妙地缩小了，缩成了一束花球，缩成一方小小的音乐匣子。他把光与色给了世界，把爱与笑给了人类。啊，春天，这样的魔季！

小溪比冬天涨高了，远远看去，那个负薪者正慢慢地涉溪而过。啊，走在春水里又是怎样的滋味呢？或许那时候会恍然以为自己是一条鱼吧？想来做一个樵夫真是很幸福的，肩上挑着的是松香，（或许还夹杂着些山花野草吧！）脚下踏的是碧色琉璃，（并且是最温软，最明媚的一种。）身上的灰布衣任山风去刺绣，脚下的破草鞋任野花去穿缀。嗯，做一个樵夫真是很叫人嫉妒的。

而我，我没有溪水可涉，只有大片大片的绿罗裙一般的芳草，横生在我面前。我雀跃着，跳过青色的席梦思。山下阳光如潮，整个城市都沉浸在春里了。我遂想起我自己的那扇红门，在四月的阳光里，想必正焕发着红玛瑙的色彩吧！

他在窗前坐着，膝上放着一本布瑞克的《国际法案》，看见我便迎了过来。我几乎不能相信，我们已在一个屋顶下生活了一百多个日子。恍惚之间，我只觉得这儿仍是我们共同读书的校园。而此刻，正是含着惊喜在楼梯转角处偶然相逢的一刹那。不是吗？他的目光如昔，他的声音如昔，我怎能不误认呢？尤其在这样熟悉的春天，这样富于传奇气氛的魔术季。

前庭里，榕树抽着纤细的芽儿。许多不知名的小黄花正摇曳着，像一串晶莹透明的梦。还有古雅的蕨草，也善意地沿着墙角滚着花边儿。啊，什么时候我们的前庭竟变成一列窄窄的画廊了。

我走进屋里，扭亮台灯，四下便烘起一片熟杏的颜色。夜已微凉，空气中沁着一些凄迷的幽香。我从书里翻出那朵栀子花，是早晨自山间采来的，我小心地把它夹入厚厚的大字典里。

“是什么？好香，一朵花吗？”

“可以说是一朵花吧，”我迟疑了一下，“而事实上是一九六五年的春天——我们所共同盼来的第一个春天。”

我感到我的手被一只大而温热的手握住，我知道，他要对我讲什么话了。

远处的鸟啼错杂地传过来，那声音纷落在我们的小屋里，四下遂幻出一种林野的幽深——春天该是很深很浓了，我想。

伍·万物有情

一饮一啄无不循天之功，
因人之力，思之令人五内感激；
至于一桌之上，含哺之恩，
共箸之情，乡关之爱，
泥土之亲，无不令人庄严。

衣衣不舍

1

据说有人用写日记来记录个人历史，有人用照片，而我，用衣服。

如果人生如戏的话，我最感兴趣的既不是情节，也不是人物，反而是服装、道具和灯光舞台。

看张爱玲的《对照记》，不知怎的，只觉一个女人的一生好像最后只留下几件衣服的回忆，当然不只是衣服，而是那件衣服里的自己，自己的身体。像余光中的诗里说的，拥抱你的，是大衣。

2

我很怀念古代（所谓“古”，是指五十年前），那时候据说有一种小偷，专偷衣服，他们有一种特技，就是用长竹竿绑个钩子，从人家的窗子里伸进去钩衣服。

“他们偷衣服能干吗呢？”新新人类一定大惑不解。

啊，新新人类哪里会懂，衣服，甚至旧衣服，在那个时代都算是一笔资产，值得偷，有资格进当铺，还可以当遗产分赠。

早年，在我屏东的老家，也常有台湾少数民族站在矮墙外，用腔调奇特的普通语叫道：

“太太，有没有旧衣服，我拿小米跟你换啦！”

弟弟妹妹的衣服裤子后来就都去了三地门了。那时代的衣服像日本天皇，万世一系，代代相传，其间当然可能从大衣变短袄，但却常相左右，永不灭绝——我这样说，你大概有点明白我跟衣服之间的感情了。

3

三十年前的一个夏天，我到台南去赴一个写作营，和孙康宜住在同一间寝室（她那时还是文艺少女，读东海，现在都已是耶鲁大学的东亚系主任了）。我当时正怀胎三月，人萎萎蔫蔫的，她当然看出来了，不久以后，知道的人就更多了。于是周围一时布满关爱的眼神。“下了课你到我家来，我有东西给你。”说这话的是谭天钧大夫，她是当时旅美华人中有名的医生，专攻小儿癌症，但那段时间她因陪夫婿而回台湾小住。

我不知道这个名满天下的女医师有什么东西要给我？我们两人所学的东西相差太远，不料她居然抱出一堆衣服，说：

“这是我从前怀孕时穿的衣服，现在用不着了，想送给你。”

啊，原来是最原始的女人和女人之间的事，我欣然拿回了那包衣服，只是心里有些纳闷，她的女儿已经五六岁了，她这些衣服为什么迟迟没有送出去呢？是本来打算再生一个后来却又放弃了呢？还是“宝剑赠英雄”，不看到顺眼的人就不轻易相赠呢？她回台虽也去荣总，但是短期客卿身份，东西带的当然愈少愈好，为什么偏又带着这些衣服呢？是为了温暖的回忆吗？不知道，我把玩着那些衣服，觉得衣服像是活的，还可以听到上一个孩子的胎音。

我当时因为身材尚未膨胀，一时还用不着，所以衣服便只能挂在那里提供想象了。那些衣服设计精良，基本上都是一套两件式的。裙子在肚子部分挖一个洞，上衣则作金钟形，可以罩住那件有洞的裙子。

其中有一套是高领窄裙，穿来简直像旗袍，它的花色又以黄菊为主，那年头好像只有西方人才会设计出那么东方味道的衣服。

到了十一月，肚子真的大起来了，我去领中山文艺散文奖，穿的便是其中一套蓝绿色的孕妇装。这些衣服，我至今留着，在寸土寸金的台北，留一柜子不穿的衣服实在不可思议，但我把它定位为“家史馆”，并且至今并没有打算取消这项编制。

4

“家史馆”里当然还有其他成员的东西，例如父亲年轻时穿的长筒马靴，以及他年老时家居穿的黑色布鞋。丈夫在婚礼中穿的上衣是铁灰色的，微有光泽。还有孩子上幼儿园时穿的小围兜，上面分明还绣着“卫理幼儿园”的字样，然而一瞬间，柜中已加挂了他的博士袍，加州理工学院的化学博士，我多么不习惯听旁人叫他 Dr. 林啊！仿佛昨天他还是穿围兜的小孩，在幼儿园里玩跷跷板，啊，不要告诉我他已是三十岁的“博士后研究员”，我只能相信他仍是一个小孩，只不过此刻他不在玩跷跷板，而在玩实验室中的试管。也许我更记得的是，孕妇衣上挖开一个好玩的洞，洞里冒出圆圆的肚子，而他曾躲在那肚子里如一个待猜的深奥的谜底……

女儿的衣服就更复杂了，粉红色用毛线钩出的洋装，是阿姨的手泽。酪梨绿的那一件是她五岁时的第一件小礼服，穿上那件衣服，你忽然发觉有个小淑女在隐隐成形。蜡染布的那一件很有南洋风，是她小学六年级的时候自己大胆剪裁并且车成的……啊，不要忘记角落里的那把小洋伞，故事要拉到一九四八年，当时我的六阿姨和一位飞行员结婚，去西湖度蜜月，回来买了一把丝绸伞来相赠。伞面上画的是断桥残雪，绸子做绯红色，轻轻地撑开啊，轻轻地撑，五十三年前的蚕和它们的丝茧，五十三年前的雪景，五十三年前的湖光，五十三年前一个美丽女子的新婚旅行……

咦，衣橱下面怎么会有一个椭圆形的塑料小红盆呢，啊，想起来了，那是儿子女儿小时候洗澡用的。啊！那时候他们的身体是多么多么小啊！

5

“家史馆”中不是家人衣服的也有一件，那是朋友的。

韩伟院长走的时候是一九八四年，那一年，他才五十六岁。我去找韩大嫂，说：“可不可以把韩大哥那件红色苏格兰格子上衣送我，我一直记得他穿这件衣服的时候，那种温暖的感觉。”韩大嫂便在去外地前把这件衣服找出来分给了我。一九九九年年尾，我的丈夫还穿着这件衣服去参加圣诞子夜崇拜，十六年了，重见故人的衣服，竟仿佛看到捐赠移植因而继续活着的器官，令人疑幻疑真，一时泪如雨下。

6

家人不太轻易去靠近那衣橱，动人的东西总不宜常碰。偶然一窥，仿佛打开时光隧道，令人衣衣不舍，因为衣衣各有其故事。

你信不信？每件衣服里都曾住过一个“我”，都值得回顾留恋。蝉蜕里住过蝉，贝壳里住过柔软的贝肉，霓裳羽衣里住过肤如凝脂的杨玉环，纤纤的绣花鞋里住着受苦的三寸金莲。某些贴身的毛衣甚至留下主人弯肘的角度，看了不免要牵动最脆弱的柔情。

身体消失了，留下的是衣服，一件一件，半丝半缕，令人依依不舍。

“它怕什么？”

有些文人，有大肆买书的“不良嗜好”。这种人多半有个错觉，他们以为“买了书就买了学问”，至于自己有没有空去看，他们好像也不太去追究。

我却有另外一个毛病，我看到好锅子就心痒难熬，和买书的人有类似的错觉，我几乎以为买了锅子就等于买了烹调技术，买了美食。尤其是岁暮年终的季节，真恨不得把满街锅子都买回家来，不管是扎实的德国锅、精致的日本锅，或是广东出口的煲仔砂锅，无不让我凡心大动。

粤人称赞人家菜好，常说“镬气”好，镬气直译普通话就是“锅气”。

闽人叫锅子为“鼎”，害得我每次看到毛公鼎都想到“毛公锅”。

鼎镬原来竟是传家之宝，我想这的确比钻石珠宝有意思多了。

也不知道是不是积人类几千几万年的“岁暮恐慌”经验，每到过年我就疯狂地想买锅，想买我的传家之宝。

买锅子不难，只要付钱就行，年终本来就有奖金，那笔钱用来买房子买车子当然不够，买锅子却绰绰有余，但是，有一件事却令我犹豫趑趄，举锅不定。原来，我有个毛病，我在听完店员舌灿莲花，极力吹嘘之余，总不免要追问一句很煞风景的话：

“那么，照你说，这锅子简直是十全十美，难道它什么都不怕吗？它究竟怕什么？它总会怕什么吧！”

店员往往登时沉下脸来，仿佛自知理亏：

“它怕猛然开大火。”

“它怕摔。”

“它怕刮。”

“它怕……”

是呀，六千元一副的日本焖烧锅，严丝合缝，但，只要一摔，圆锅盖不再周正，这锅以后哪还有得混？

啊，原来无论怎么好的东西都难免有一怕。世间万物大概也都各有一怕，在这纷纷扰扰的地球舞台上，其中怕刮的，怕烈火大焰的，怕摔的，怕零件残缺补不全的，乃至怕酸的，怕碱的，怕乍冷乍热的，怕空锅干烧的……这一切，难道都只是指锅子而言的吗？

我终于还是买了那些锅，那只可以炖牛筋的压力锅，那只长于熬狮子头白菜和腊肠煲仔饭的砂锅，那只不放油就可以煎蛋的不粘锅，还有专供烤一片牛排用的小铁锅，专供广东人煲汤用的“牛头煲”，可以透视蓝色火焰的玻璃锅……啊，不管它们多么脆弱，不管它们各自是否皆有其过不了的情关欲卡，各自有其深惧深畏避不胜避的克星，毕竟，它们各有其可爱的特异功能。在它没有遭到摔打侵蚀的浩劫之前，我们还是可以相亲相依的。

“而，至于我，我怕什么呢……”站在锅旁的我，有时候不免要这样问上自己一问。

东邻的竹和西邻的壁

午夜，我去后廊收衣。

如同农人收他的稻子，如同渔人收他的网，我收衣服的时候，也是喜悦的，衣服溢出日晒后干爽的清香，使我觉得，明天，或后天，会有一个爽净的我，被填入这些爽净的衣衫中。

忽然，我看到西邻高约十五米的整面墙壁上有一幅画。不，不是画，是一幅投影。我不禁咂舌，真是一幅大立轴啊！

大画，我是看过的，大千先生画荷，用全开的大纸并排连作，恍如一片云梦大泽。我也曾在美国得州，看过一幅号称世界最大的画。看的时候不免好笑，论画，怎能以大小夸口？得州人也许有点奇怪的文化自卑感，所以动不动就要强调自己的大。那幅画自成一家收藏馆，进去看的人买了票，坐下，像看电影一样，等着解说员来把大画一处处打上照灯，慢慢讲给你听。

西方绘画一般言之多半做扁形分割，中国古人因为席地而坐，所以有一整面的墙去挂画，因而可以挂长长的立轴。我看的得州那幅大画便是扁形的，但此刻，投射在我西邻墙上的画却是一幅立轴，高达十五米的立轴。

我四下望了望，明白这幅投影画是怎么造成的了。原来我的东邻最近大兴土木，为自己在后院造了一片景致。他铺了一片白色鹅卵石，种上一排翠竹，晚上，还开了强光投射灯，经灯一照，那些翠竹便把自己“影印”到那面大墙上。

我为这意外的美丽画面而惊喜呆立，手里还抱着由于白昼的恩赐而晒干的衣服，眼中却望着深夜灯光所幻化的奇景。

这东邻其实和我隔着一条巷子，我们彼此并不贴邻，只是他们那栋楼的后院接着我们这栋的后院。三个月前他家开始施工，工程的声音成天如雷贯耳，住这种公寓房子真是“休戚与共”，电锯电钻的声音竟像牙医在我牙床上动工，想不头痛也难。三个月过去，我这做邻居的倒也得到一份意外的奖品，就是有了一排翠生生的绿竹可以看。白天看不算，晚上还开了灯供你看，我想，这大概算是我忍受噪音的补偿吧！

我绝少午夜收衣服，所以从来没有看到这种娟娟竹影投向大壁的景致，今晚得见，也算奇缘一场。

古代有一女子，曾在夜晚描画窗纸上的竹影，我想那该算是写实主义的笔法。我看到的这一幅却不同，这一幅是把三米高的竹子，借着斜照的灯光扩大到十五米，充满浪漫主义的荒渺夸大的美感。

此刻，头上是台北上空有限的没有被光害完全掐死的星光，身旁又有奇诞如神话的竹影，我忽然充满感谢。想我半生的好事好像都是如此发生的：东邻种了一丛竹，西邻造了一堵壁，我却是站在中间的运气特别好的那一位，我看见了西园修竹投向东家壁面的奇景。

对，所有的好事全都如此发生，例如有人写了《红楼梦》，有人印了《红楼梦》，有人研究了红学，而我站在中间，左顾右盼，大快之余不免叫人来一起来瞧瞧，就这样，竟可以被叫作教授。又例如人家上帝造了好山好水，工人又铺了好桥好路，我来到这大块文章之前，喟然一叹，竟因而被人称为作家……

东邻种竹，但他看到的是落地窗外的竹，而未必见竹影。西邻有壁，但他们生活在壁内，当然也见不到壁上竹影。我既无竹也无壁，却是奇景的目击者和见证人。

是啊，我想，世上所有的好事都是如此发生的……

买橘子的两种方法

巷口有人在卖桶柑，我看了十分欢喜，一口气买了三斤，提回家来。如果不是因为书重，我还想买更多。那时，我刚结婚不久。

桶柑个头小，貌不惊人，但仔细看，其皮质光灿，吃起来则芳醇香甘，是柑橘类里我最喜欢的一种。何况今天我碰上的这批货似乎刚采撷不久，叶子碧绿坚挺，皮色的“金”和叶色的“碧”互相映衬，也算是一种“金碧辉煌”。我提着这一袋“金碧辉煌”回家，心中喜不自胜。

回到家，才愕然发现，公公也买了一袋同样的桶柑。他似乎没有发现我手上的水果，只高高兴兴地对我说：

“我今天看到有人在卖这种蜜柑，还不错，我就买了——你知道吗？买这种橘子，要注意，要拣没有梗没有叶的这种来买。你想，梗是多么重啊！如果每个橘子都带梗带叶，买个两三斤，就等于少买了一个橘子了，那才划不来。”

我愣了一下，笑笑，没说什么。原因是，我买的每一个橘子都带梗带叶。而且，我又专爱挑叶子极多的那种来买。对我而言，买这橘子一半是为嘴巴，一半是为眼睛。我爱那些绿叶，我觉得卖柑者把一部分的橘子园也借着那些叶片搬下山来了。买桶柑而附带买叶子，使我这个“台北市人”能稍稍碰触一下那种令人渴想得发狂的田园梦。

而公公那一代却是从贫穷边缘挣扎出来的，对他来说，如果避开枝叶就可以为家人争取到多一个的橘子，实在是开心至极的事。他把这“买橘秘籍”传授给我，其实是好意地示我以持家之道。公公平日待人其实很宽厚，他在小处扣省，也无非是守着传统的节俭美德。

我知道公公是对的，但我知道自己也没有错。

公公只要买橘子，我要的却更多。我如果把我买的那种橘子盛在家中一只精美的竹箩筐里，并放在廊下，就可以变成室内设计的一部分。而这种美的喜悦令人进进出出之际恍然误以为自己在柑橘园收成。对我而言那几片小叶子比花还美，而花极贵，岂容论斤称买？我把我买的叶子当插花看待，便自觉是极占便宜的一种交易。

而这个世界上，我们总是不断碰到“我对他也对”的局面。那一天，我悄悄把自己买的带叶桶柑拎进自己的卧房。对长辈，辩论对错是没有什么意义的。

许多年过去了，公公依然用他的方法买无叶橘子。而我，也用我的方法买有叶橘子。他的橘子，我嫌它光秃秃的不好看，但我知道那无损于公公忠恳俭朴的善良本性。他的买橘方法和我的一样值得尊崇敬重。

除了卡雷拉斯，你也得听听喷嚏

开车，在下班时分，在台北，真是一无乐趣——除了听音乐。音乐是电台里播出的《圣母颂》。世界三大男高音，卡雷拉斯本来算一个，却不幸病了。病后的卡雷拉斯，唱大曲子也许少了点回肠荡气、纵横捭阖的本钱，但多了点安谧清澄和身世沧桑之感。唱宗教曲子，或某些安静的小品，在我听来反而多了一层苦寂落寞之胜。其值得细味之处，尤在帕瓦罗蒂和多明戈之上。

有时候，原来健康和顺境也是一“障”，太顺遂的人，没有和死亡直接缠斗过的，他那金声玉振的高鸣中往往少了一点什么。

卡雷拉斯，《圣母颂》，纯净如童子的眼神，无欲无求，只一瓣心香。小小的车厢里，此时也自有天籁。

停好车，上公寓四楼，直奔厨房，《圣母颂》中的玛利亚不知煮饭不煮饭？大概是煮的吧！不然小耶稣吃什么？圣母煮饭的时候不知是不是神闲气定如西洋名画上画的那样，还是大呼小叫蓬头垢面，如我？

我的厨房在屋子后面，望出去是另一排人家的厨房，我知道五楼晒几竿衣服，也知道三楼在蒸宁式臭豆腐。

忽然，后巷传来一阵老女人的喷嚏声，唉，我忍不住叹了一声，这后巷本有一个老男人，成天没日没夜地打着惊天动地的喷嚏，最近不知怎么的，居然不闻此声久矣。不知是给什么回春妙手治愈了，还是去了帝苑仙乡，从此不再受此“喷嚏皮囊”之苦？

但今天也怪，怎么平白又冒出一个爱打喷嚏的老女人？天哪，我的耳朵是倒了什么霉，不是才听了那种霞光万丈的《圣母颂》吗？怎么此刻又落入凡尘，竟来听这一声接一声的喷嚏！其实，打喷嚏的人只要小心捂住口鼻，至少可以减少七成的音量，偏偏这两位老男老女都喜欢痛快淋漓，直抒胸臆，真真是“嚏不惊人死不休”！

我洗芥菜，我淘米，我打蛋，我切卤猪舌，那老女人恍如站在我身边，一声声把她那奇异的音响传入我耳中。不是有首李清照的词叫《声声慢》吗？这老女人送来的却是“声声厉”。

唉！我愣愣地站在厨房里，想不出任何一种方法可以解决这场不大不小的苦难。

我只有告诉自己：

“谁说耳朵都是拿来听卡雷拉斯的？你有时也得听听近邻的喷嚏呢！”

“谁告诉你眼睛都有权利一直看青山绿水？倒起霉来你也只好望着隔壁晾晒的尿布。”

想想看，如果地球毁灭了，你从劫灰中挣扎爬起，忽然听到身后一声喷嚏，那时候，或者也会喜极泪下吧！我终于说服了自己，在双耳不断遭凌迟之际，我还是把一锅清甜的笋汤炖好了。

炎　凉

我有一张竹席，每至五六月，天气渐趋暖和，暑气隐隐待作，我就把它找出来，用清茶的茶叶渣拭净了，铺在床上。

一年里面第一次使用竹席的感觉极好，人躺下去，如同躺在春水湖中的一叶小筏子上。清凉一波波来拍你入梦，竹席恍惚仍饱含着未褪尽的竹叶清香。

生命中的好东西往往如此，极便宜又极耐用。我可以因一张席而爱一张床，因一张床而爱一栋屋子，因一栋屋子而爱上一个城……

整个初夏，肌肤因贴近那清凉的卷云而舒缓自如。触觉之美有如闻高士说法，凉意沦肌浃髓而来。古人形容喻道之透辟，谓一时如天女散花。天女散花是由上而下，轻轻撒落——花瓣触人，没有重量，只有感觉。但人生某些体悟却是由下而上，仿佛有仙云来轻轻相托，令人飘然升浮。凉凉的竹席便有此功。一领清簟可以把人沉淀下来、静定下来，像空气中热腾腾的水雾忽然凝结在碧沁沁的一茎草尖而终于成为露珠。人在席上，也是如此。阿拉伯人牧羊，他们故事里的羊毛毯是可以飞的。中国人种地，对植物比较亲切。中国人用植物编的席子不飞——中国人想，飞了干吗呀？好好地躺在席子上不比飞还舒服吗？中国圣贤叫人拯救人民，其过程也无非是由“出民水火”到“登民衽席”。总之，世界上最好的事莫过于把自己或别人放在席子上了。初夏季节的我便如此心满意足地躺在我的竹席上。

可惜好景不长，到了七八月盛夏，情形就不一样了。刚躺下去还好，多躺一会儿，席子本身竟然也变热了。凉席会变热，天哪，这真是人间惨事。为了环保，我睡觉不用冷气，于是只好静静地和热浪僵持对抗。我反复对自己说：“不热，不算太热，我还可以忍受，这也没什么大不了，哼，谁怕谁啊……”念着念着，也就睡着了。

然后，便到了九月，九月初席子又恢复了清凉。躺在席上，整个人摊开，霎时变成了片状，像一块金子捶成薄薄的金箔，我贪享那秋霜零落的错觉。

九月中，每每在一场冷雨之后，半夜乍然惊醒，是被背上的沁凉叫醒的——唉，这凉席明天该收了。我在黑暗中揣想，竹席如果有知，也会厌苦不已吧！七月嫌它热，九月又嫌它凉，人类也真难伺候。

想来一生或者也如此，曾经嫌日程排得太紧，曾经怨事情做个没完，曾经烦稿约演讲约不断，曾经大叹小孩子缠磨人……可是，也许，有一天，一切热过的都将乍然冷却下来，令人不觉打起寒战。

不过，也只好这样吧！让席子在该铺开的时候铺开，在该收卷的时候收卷。炎凉，本来就半点由不得人的。

饮啄篇

一饮一啄无不循天之功，因人之力，思之令人五内感激；至于一桌之上，含哺之恩，共箸之情，乡关之爱，泥土之亲，无不令人庄严。

白　柚

每年秋深的时候，我总要去买几只大白柚。

不知为什么，这件事年复一年地做着，后来竟变成一件慎重其事有如典仪一般的行为了。

大多数的人都只吃文旦，文旦是瘦小的、纤细的、柔和的，我嫌它甜得太软弱。我喜欢柚子，柚子长得极大，极重，不但圆，简直可以算作是扁的，好的柚瓣总是涨得太大，把瓣膜都能涨破了，真是不可思议。

吃柚子多半是在子夜时分，孩子睡了，我和丈夫在一盏灯下慢慢地剥开那芳香诱人的绿皮。柚瓣总是让我想到宇宙，想到彼此牵绊互相契合的万类万品。我们一瓣一瓣地吃完它，情绪上几乎有一种虔诚。

人间原是可以丰盈完整，相与相洽，像一只柚子。

当我老时，秋风冻合两肩的季节，你，仍偕我去市集上买一只白柚吗？灯下一圈柔黄，两头华发渐渐相对成两岸的芦苇，你仍与我共食一只美满丰盈的白柚吗？

面包出炉时刻

我最不能抗拒的食物，是谷类食物。

面包、烤饼、剔圆透亮的饭粒都使我忽然感到饥饿。现代人从某种意义上来说是“吃肉的一代”，但我很不光彩地坚持着喜欢面和饭。

有次，是下雨天，在乡下的山上看一个陌生人的葬仪，主礼人捧着一箩谷子，一边撒一边念，“福禄子孙——有喔——”忽然觉得眼眶发热，忽然觉得五谷真华丽、真完美，黍稷的馨香是可以上荐神明，下慰死者的。

是三十岁那年吧，有一天，正慢慢地嚼着一口饭，忽然心中一惊，发现满口饭都是一粒一粒的种子。一想到种子立刻凛然敛容，不知道吃的是江南哪片水田里的稻种，不知道是经过几世几劫，假多少手流多少汗才到了台湾，也不知道它是来自嘉南平原还是遍野甘蔗被诗人形容甜如“一块方糖”的小城屏东。但不管这稻米是来自何处，我都感激，那里面有叨叨絮絮的深情切意，从唐虞上古直说到如今。

我也喜欢面包，非常喜欢。

面包店里总是涨溢着烘焙的香味，我有时不买什么也要进去闻闻。

冬天的下午如果碰上面包出炉时刻真是幸福，连街上的空气都一时喧哗轰动起来。大师傅捧着个黑铁盘子快步跑着，把烤得黄脆焦香的面包神话似的送到我们眼前。

我尤其喜欢那种粗大圆涨的麸皮面包，我有时竟会傻里傻气地买上一堆。传说里，道家修仙都要“辟谷”，我不要“辟谷”，我要做人，要闻它一辈子稻香麦香。

我有时弄不清楚我喜欢面包或者米饭的真正理由，我是爱那荧白质朴远超乎酸甜苦辣之上的无味之味吗？我是爱它那一直是穷人粮食的贫贱出身吗？我是迷上了那令我恍然如见先民的神圣肃穆的情感吗？或者，我只是爱那炊饭的锅子乍掀、烤炉初启的奇异喜悦呢？

我不知道，我只知道在这个杂乱的世纪能走尽长街，去伫立在一家面包店里等面包出炉的一刹那，是一件幸福的事。

球与煮饭

我每想到那个故事，心里就有点酸恻，有点欢忭，有点惆怅无奈，却又无限踏实。

那其实不是一则故事，那是报尾的一段小新闻。主角是王贞治的妻子，那阵子王贞治正是热门，他的全垒打眼见要赶到美国某球员的前面去了。

他果真赶过去了，全日本守在电视机前的观众疯了！他的两个孩子当然更疯了！

事后照例有记者去采访，要王贞治的妻子发表感想——记者真奇怪，他们老是假定别人一脑子都是感想。

“我当时正在厨房里烧菜——听到小孩大叫，才知道的。”

不知道那是她生平的第几次烹调，孩子看完球是要吃饭的，丈夫打完球也是得侍候的，她日复一日守着厨房——没人来为她数纪录，连她自己也没数过。世界上好像没有女人为自己的一日三餐数算纪录。一个女人如果熬到五十年金婚，她会烧五万四千多顿饭，那真是疯狂，女人硬是把小小的厨房用馨香的火祭供成庙宇了。她自己是终身以之的祭司，比任何僧侣都虔诚，一日三举火，风雨寒暑不断，那里面一定有些什么执着，一定有些什么令人落泪的温柔。

让全世界去为那一棒疯狂，对一个终身执棒的人而言，每一棒全垒打和另一棒全垒打其实都一样，都一样是一次完美的成就，但也都一样可以是一种身清气闲不着意的、有如呼吸一般既神圣又自如的一击。东方哲学里一切的好都是一种“常”态，“常”字真好，有一种天长地久无垠无限的大气魄。

那一天，全日本也许只有两个人没有守在电视机前，只有两个人没有盯着记录牌看，只有两个人没有发疯，那就是王贞治的妻子和王贞治自己。

香　椿

香椿芽刚冒上来的时候，是暗红色，仿佛可以看见一股地液喷上来，把每片嫩叶都充了血。

每次回屏东娘家，我总要摘一大抱香椿芽回来。孩子们都不在家，老爸老妈坐对四棵前后院的香椿，当然是来不及吃的。

记忆里妈妈不种什么树，七个孩子已经够排成一列树栽子了，她总是说“都发了人了，就发不了树啦！”，可是现在，大家都走了，爸妈倒是弄了前前后后满庭的花、满庭的树。

我踮起脚来，摘那最高的尖芽。

不知为什么，椿树在传统文学里被看作一种象征父亲的树。对我而言，椿树是父亲，椿树也是母亲，而我是站在树下摘树芽的小孩。那样坦然地摘着，那样心安理得地摘，仿佛做一棵香椿树就该给出这些嫩芽似的。

年复一年我摘取，年复一年，那棵树给予。

我的手指已习惯于接触那柔软潮湿的初生叶子的感觉，那种攀摘令人惊讶浩叹，那不胜柔弱的嫩芽上竟仍把得出大地的脉动、所有的树都是大地单向而流的血管，而香椿芽，是大地最细致的微血管。

我把主干拉弯，那树忍着；我把枝干扯低，那树忍着；我把树芽采下，那树默无一语。我撇下树回头走了，那树在伤痕上自己努力结了疤，并且再长新芽，以供我下次攀摘。

我把树芽带回台北，放在冰箱里，不时取出几枝，切碎，和蛋，炒得喷香的，放在餐桌上，我的丈夫和孩子争着嚷说炒得太少了。

我把香椿夹进嘴里，急急地品味那奇异的芳烈的气味，世界仿佛一刹时凝止下来，浮士德在魔鬼给予的种种尘世欢乐之后仍然迟迟说不出口的那句话，我觉得我是能说的：

“太完美了，让时间在这一瞬间停止吧！”

不纯是为了那树芽的美味，而是为了那背后种种因缘，岛上最南端的小城，城里的老宅，老宅的故园，园中的树，象征父亲也象征母亲的树。

万物于人原来是可以如此亲和的。吃，原来也可以像宗教一般庄严肃穆的。

韭菜合子

我有时绕路跑到信义路四段，专为买几个韭菜合子。

我不喜欢油炸的那种，我喜欢干炕的。买韭菜合子的时候，心情照例是开朗的，即使排队等也觉高兴——因为毕竟证明吾道不孤，有那么多人喜欢它！我喜欢看那两个人合作无间地一个擀，一个炕，那种美好的搭配间仿佛有一种韵律似的。那种和谐不下于钟跟鼓的完美互补，或日跟夜的循环交替。

我其实并不喜欢韭菜的冲味，但却仍旧去买——只因为喜欢买，喜欢看热烫鼓腹的合子被一把长铁叉翻取出来的刹那。

我又喜欢"合子"那两个字，一切"有容"的食物都令我觉得神秘有趣，像包子、饺子、春卷，都各自含容着一个奇异的小世界，像宇宙包容着银河，一只合子也包容着一片小小的乾坤。

合子是北方的食物，一口咬下仿佛能咀嚼整个河套平原，那些麦田，那些杂粮，那些硬茧的手！那些一场骤雨乍过在后院里新剪的春韭。

我爱这种食物。

有一次，我找到漳州街，去买山东煎饼（一种杂粮混制的极薄的饼），但去晚了，房子拆了，我惆怅地站在路边，看那跛扈的大厦傲然地在搭钢筋，我不知到哪里去找那失落的饼。

而韭菜合子侥幸还在满街贩卖。

我是去买一样吃食吗？抑或是去找寻一截可以摸可以嚼的乡愁？

瓜　子

丈夫喜欢瓜子，我渐渐也喜欢上了，老远地跑到西宁南路去买，只为他们在封套上印着“徐州”两个字。徐州是我没有去过的故乡。

人是一种麻烦的生物。

我们原来不必有一片屋顶的，可是我们要。

屋顶之外原来不必有四壁的，可是我们要。

四壁之间又为什么非有一盏秋香绿的灯呢？灯下又为什么非有一张桌子呢？桌子上摆完了三餐又为什么偏要一壶茶呢？茶边凭什么非要一碟瓜子不可呢？

可是，我们要，因为我们是人。我们要属于自己的安排。

欲求，也可以是正大光明的，也可以是“此心可质天地”的。偶尔，夜深时，我们各自看着书或看着报，各自嗑着瓜子，有一搭没一搭地聊着，上一句也许是愁烦小女儿不知从哪里搞来一只猫，偷偷放在阳台上养，中间一句也许是谈一个二十年前老友的

婚姻，而下面一句也许忽然想到组团到美国演出还差多少经费。

我们说着话，瓜子壳渐渐堆成一座山。

许多事，许多情，许多说了的和没说的全在嗑瓜子的时刻完成了。

孩子们也爱瓜子，可是不会嗑，我们把嗑好的白白的瓜子仁放在他们白白的小手上，他们总是一口吃了，回过头来说：“还要！”

我们笑着把他们支走了。

嗑瓜子对我来说是过年的项目之一。小时候，听大人说：“有钱天天过年，没钱天天过关。”

而嗑瓜子让我有天天过年的错觉。

事实上，哪一夜不是除夕呢？每一夜，我们都要告别前身；每一黎明，我们都要面对更新的自己。

今夜，我们要不要一壶对坐，就着一灯一桌共一盘瓜子，说一兜说不完的话？

蚵仔面线

我带小女儿从永康街走过，两侧是饼香葱香以及烤鸡腿烤玉米烤番薯的香。

走过“米苔目”和肉羮的摊子，我带她在一锅蚵仔面线前站住。

“要不要吃一碗？”

她惊奇地看着那黏糊糊的线面，同意了，我给她叫了一碗，自己站在旁边看她吃。

她吃完一碗说：

“太好吃了，我还要一碗！”

我又给她叫一碗。

以后，她变成了蚵仔面线迷，又以后，不知怎么演变的，家里竟定出了一个法定的蚵仔面线日，规定每星期二一定要带他们吃一次，作为消夜。这件事原来也没有认真，但直到有一天，因为有事不能带他们去，小女儿竟委屈地躲在床上偷哭，我们才发现事情原来比我们想象的要顶真。

那以后，到了星期二，即使是下雨，我们也只得去端一锅回来。不下雨的时候，我们便手拉手地去那摊边坐下，一边吃，一边看满街流动的彩色和声音。

一碗蚵仔面线里，有我们对这块土地的爱。

一个湖南人，一个江苏人，在这个岛上相遇，相爱，生了一儿一女，四个人坐在街缘的摊子上，摊子在永康街（多么好听的一条街）。而台北的街市总让我又悲又喜，环着永康的是连云，是临沂，是丽水，是青田（出产多么好的石头的地方啊！），而稍远的地方有属于孩子妈妈原籍的那条铜山街，更远一点，有属于孩子父亲的长沙街。我出生的地方叫金华，金华如今是一条街，我住过的地方是重庆、南京和柳州，重庆、南京和柳州也各是一条路。临别那块大陆是在广州，一到广州街总使我黯然。下船的地方是基隆，奇怪，连基隆也有一条路。

只是吃一碗蚵仔面线，只是在小小窄窄的永康街，却有我们和我们儿女对这块土地无限的爱。

图书在版编目（CIP）数据

绿色的书简 / 张晓风著. — 北京 : 北京联合出版公司, 2019.10（2022.2重印）
ISBN 978-7-5596-3630-0

Ⅰ. ①绿… Ⅱ. ①张… Ⅲ. ①散文集 – 中国 – 当代 Ⅳ. ①I267

中国版本图书馆CIP数据核字（2019）第190898号

著作权合同登记号：01-2019-6080

本著作物经北京时代墨客文化传媒有限公司代理，由九歌出版社有限公司授权，在中国大陆出版、发行中文简体字版本。

绿色的书简
作　　者：张晓风
总 发 行：北京时代华语国际传媒股份有限公司
责任编辑：龚　将　夏应鹏
封面设计：吉冈雄太郎
版式设计：胡玉冰
责任校对：吕新月

北京联合出版公司出版
（北京市西城区德外大街83号楼9层 100088）
唐山富达印务有限公司印刷　　新华书店经销
字数150千字　　880毫米×1230毫米　1/32　　7.5印张
2019年10月第1版　　2022年2月第4次印刷
ISBN 978-7-5596-3630-0
定价：42.00元

张晓风 · 经典散文集